(Foto: shutterstock/ Cora Mueller)

Die besten
Gartentipps
für intelligente Faule

Karl Ploberger

Die besten
Garten-
tipps

für intelligente Faule

avBUCH

INHALT

VORWORT

[Foto: Franz Neumayr]

Die besten
LEHRMEISTER!

„Wo haben Sie das Garteln gelernt?" Diese Frage wird mir bei den vielen Vorträgen, Bühnenauftritten oder Autogrammstunden oft gestellt. Und die Antwort ist leicht: Da sind einmal die Seminare und Workshops, die ich als junger Gartenliebhaber besucht habe, dann die mehr als 4000 Bücher meiner Gartenbibliothek, die mir viel Wissen vermittelt haben, vor allem natürlich die eigene Praxis und Erfahrung – und: das Wissen und die Ratschläge der Tausenden Gartenfreunde, die ich im Lauf der letzten 30 Jahre getroffen habe.

Genau diese Tipps sind es, die das Garteln Jahr für Jahr aufs Neue interessant und oft auch einfacher und erfolgreicher machen.

Die Idee für das Buch *Die besten Gartentipps für intelligente Faule* ist durch Zufall geboren worden. Bei der Vorbereitung einer Veranstaltung kamen – wie fast immer – auch gleich die persönlichen Gartenfragen zur Sprache. Doch nicht nur ich wusste Rat, einige andere Teilnehmer hatten auch Vorschläge, wie das Problem zu lösen wäre. „Das könnte doch ein interessantes Buch sein", dachte ich

mir. Gesagt, getan, und schon war in Kooperation mit den Lagerhäusern in Österreich die Grundlage für den größten Gartentippwettbewerb der letzten Jahre geschaffen.

Tausende Tipps kamen per Mail und Post ins Haus. Das Ergebnis ist dieses Buch geworden. Von mir gesichtet, zum Teil auch gleich ausprobiert und kommentiert mit den Erfahrungen aus fast 50 Jahren Gartenleidenschaft. Und immer nach dem Grundprinzip: Mit der Natur und nicht gegen die Natur – eben wie das „Garteln für intelligente Faule" funktioniert.

Ein Buch mit vielen Ideen, das einmal mehr zeigt: Garteln ist das schönste Hobby der Welt. Nicht umsonst gilt es mittlerweile in Österreich und Deutschland als die größte Leidenschaft.

In diesem Sinne wünsche ich viel Erfolg – und wie immer:

Viel Spaß beim Garteln!

PS: Über Ihre Erfahrungen und neuen Tipps freue ich mich:
Tipps@biogaertner.at

Naturgemäß
GARTELN!

Mit der Natur und nicht gegen die Natur – das ist das Motto des Biogärtners, und das ist auch die Devise von immer mehr Menschen, die ohne Gift und Chemie ihren Garten pflegen wollen.

Sieben Eckpfeiler sind es, die einen Garten zum Naturparadies werden lassen:

• die naturgemäße
  Anlage eines Gartens
• die richtige Pflanze am
  richtigen Standort
• der sanfte Umgang mit
  dem Boden
• Kompost als Kraftquelle
• Mulchen als Schutz
  für den Boden
• Mischkultur als Teil
  der bunten Vielfalt
• die sanfte Bekämpfung von
  Schädlingen und Krankheiten

Die wichtigste Maßnahme in einem Garten ist das Vorbeugen – und das beginnt mit der naturgemäßen Anlage eines Gartens. Also: Oasen schaffen für Nützlinge – in Trockenmauern, bei einem Biotop, in einem Totholzhaufen oder nur in einem Steinhaufen. Je vielfältiger der Garten angelegt ist, desto größer sind die Chancen für viele Nützlinge, sich anzusiedeln. Und das hilft der Gartenliebhaberin und dem Gartenfreund.

Ansprüche beachten

Maßnahme Nummer Zwei ist für echte Gartengurus die schwierigste, gilt es doch immer, die Leidenschaft „Garteln" so richtig auszuleben. Und da gehören natürlich viele verschiedene Bäume, Sträucher und Blumen dazu. Meist genau jene, die sich an bestimmten Standorten nicht so wohlfühlen – sei es aus klimatischen

Gründen („nicht ganz winterhart!") oder wegen ungünstigen Bodenverhältnissen („zu viel Kalk"). Doch mit gesundem Hausverstand und einer ausgewogenen Auswahl wird der Garten „seine richtigen, passenden Pflanzen" finden. Nicht zuletzt deshalb, weil nicht standortgerechte Pflanzen immer mehr Mühe machen. Daher sind heimische Wildsträucherhecken nicht nur für die vielen Nützlinge eine willkommene Bereicherung, sondern auch für uns Gartler. Kleinere Bereiche zum Experimentieren gehören aber trotzdem dazu – das macht ja den Reiz an diesem grünen Hobby aus.

Gesunder Boden

Die wichtigste Grundlage für gesundes, kräftiges Wachstum ist der Boden – das beginnt schon bei der

Anlage des Gartens, wo nicht mit schwerem Baugerät gearbeitet werden sollte. Bodenverdichtungen benötigen Jahrzehnte, bis sie wieder verschwinden, und bis dahin leidet alles – Bäume, Sträucher und Rasen. Und natürlich auch Besitzerin und Besitzer. Denn das bedeutet meist viel mehr Aufwand. Schaufelbagger statt Caterpillar könnte als wichtigste Botschaft an alle Gartenneuanleger gerichtet werden.

Goldener Kompost

Kommt dann der Kompost, beginnt bereits die Phase der Bodengesundung. Humus ist Leben! Und so wird über Jahre hinweg auf ganz sanfte Art und Weise das Bodenleben aufgebaut. Gemeinsam mit dem Mulchen, dem Bodenbedecken, entsteht die Naturoase ums Haus, wo das Vergehen

und Wachsen dann ganz hautnah spürbar ist.

Fehlt nur noch die bunte Mischung, die in so einem Garten nicht fehlen darf – eine Mischkultur mit den passenden, „guten" Nachbarn lässt sich am besten im Gemüsegarten verwirklichen und mit der richtigen Fruchtfolge ergänzen. Da helfen sich dann die Pflanzen gegenseitig, Krankheiten und Schädlinge werden schon von vornherein reduziert, und durch die Fruchtfolge wird der Boden geschont und nicht ausgelaugt.

Ruhe bewahren

Treten doch Probleme auf, heißt es Gelassenheit bewahren – auch wenn das nicht immer leichtfällt. Schädlinge und Krankheiten sind ein Hilferuf der Natur. Irgendetwas passt offenbar nicht – bei Mehltau wurde möglicherweise zu viel gedüngt, bei Läusen ist es möglicherweise aus Witterungsgründen zur extremen Vermehrung gekommen. Sanft eingreifen – das ist der sicherste Weg zum Erfolg. Geduld zeigt oft, dass Probleme nach ein paar Tagen von der Natur selbst gelöst werden: Die Invasion der Läuse ist meist schon bald ein Leckerbissen für Marienkäfer.

Zudem gibt es viele Tricks, die das Garteln leichter machen – die Erfahrungen in diesem Buch, meist als Tipps über den Gartenzaun geflüstert, gehören unbedingt dazu.

(Foto: Franz Neumayr)

Für einen guten
START

Er ist die Grundlage fürs erfolgreiche Garteln – der gesunde, lebendige Boden. Der Humusnachschub vom Kompost, der Schutz durch eine immer wieder ergänzte Mulchschicht, das naturgemäße Düngen und richtige Gießen.

Stimmen diese Grundlagen, dann wird vieles im Garten leichter. Biogärtner „hören hier auf ihren Garten". Sie erkennen, wo es einen Mangel gibt, sie spüren, wo Bäume, Sträucher, Blumen oder Gemüse Probleme haben, und sie greifen sanft ein. Die Tipps in diesem Kapitel zeigen das.

(Foto: shutterstock/Melpomenel)

Aus kleinen Kürbispflänzchen entwickeln sich rasch mächtige Ranken; sie dürfen nicht zu eng stehen.

Über die **SCHULTER** schauen

Da ein Hinweis, wie man seine Pflanzen aufbindet, dort einer, wie man sie langfristig mit dem Namen versieht, oder wieder ein anderer Vorschlag, das lästige Unkraut zu entfernen. Sehr oft sind es die ganz einfachen Tipps, die einem das Leben erleichtern. Und nicht nur das: Sie sind auch oft sehr nützlich, wenn es darum geht, Geld zu sparen.

Viele Tipps bekommt man bei Gartenbesuchen. Hier sieht man hautnah, wie andere Gartenliebhaberinnen und Gartenliebhaber ihr grünes Paradies bewirtschaften. Schaut man ihnen aufmerksam „über die Schulter", kann man einiges lernen. Der eine Tipp wird gleich einen Erfolg bringen, der andere erst nach einiger Zeit. Und wieder einer, von dem der Gartenfreund geschworen hat, dass er den großen Erfolg brachte, funktioniert gar nicht.

Daher ist das Wichtigste: ausprobieren, entdecken und vielleicht dabei gleich neue Erkenntnisse gewinnen.

TIPPS VOM BIOGÄRTNER

So gelingt die Aussaat

Sauberkeit ist oberstes Gebot bei der Aussaat. Daher alle Saatschalen vor dem Gebrauch mit heißem Wasser reinigen. Bei der Erde niemals sparen: Alte Aussaaterde (vom Vorjahr) aus der Packung ist für die Sämlinge unbrauchbar. Darin haben sich Pilze angesiedelt, die das Wachstum der feinen Wurzeln behindern. Sind die Samen in der Erde, diese vier Regeln beachten:

– Zu Beginn die Schalen mit Glas abdecken und in die Wärme stellen (ausgenommen kalt keimende Samen).

– Sind die Keimlinge sichtbar, volles Licht und etwas kühler. Immer gut lüften.

– Nie zu viel gießen!

– Rechtzeitig pikieren, also in kleine Töpfe vereinzeln.

Es geht **LOS**

Verpackung als Saatschale

Als Minigewächshäuser zum Aussäen eignen sich die im Supermarkt verwendeten Obst- oder Tomatenbehälter, die einen Deckel haben.

Karl Hobitsch

Sorgsamer Umgang mit Rohmaterialien sollte für Biogärtner ein Grundsatz sein – den Tipp mit den Plastikbehältern finde ich deshalb hervorragend. Ich selbst habe bisher nur Kresseschalen verwendet.

„Saattabletten" selbst gemacht

Um sich teure Anzuchttöpfchen zu sparen – leere Klopapierrollen in 3 cm breite Ringe schneiden, mit Erde füllen und in eine flache, mit Plastik ausgekleidete Schachtel stellen. Diese selbst gemachten „Saattabletten" lassen sich gut einpflanzen, da der Kartonring verrottet.

Gerlinde Brendtner

Halbiert man die Kartonrollen, dann hat man auch etwas größere Anzuchttöpfe für Bohnen, Mais, Gurken oder Zucchini.

Wäscheklammern als Etikettenhalter

Als Pflanzenetiketten verwende ich flache, etwas längere Holzleisten, an die ich Wäscheklammern aus Holz anleime. Damit befestige ich die Etiketten aus Kunststoff. Diese Pflanzschilder sind über viele Jahre immer wieder verwendbar.

Karl Hobitsch

Besonders ideal, weil man auch bei höherem Bewuchs die Schilder noch sieht!

Idee für die Zukunft

Wenn ich einen Garten hätte, würde ich alte Badewannen als Hochbeete verwenden. Ich denke, dann können keine Schädlinge (Schnecken, Mäuse etc.) vom Boden zum Gemüse kommen, und man kann notfalls den Standort, so er nicht passend ist, wechseln.

Johann Stadler

Eine bewährte Methode, der Troggarten – ganz wichtig ist nur, bei diesem System auf den funktionierenden Wasserabfluss zu achten.

TIPPS VOM BIOGÄRTNER

Bienen sichern Ertrag

„Wenn die Biene einmal von der Erde verschwindet, hat der Mensch nur noch vier Jahre zu leben", sah einst Albert Einstein die Wichtigkeit dieser Insekten. Gerade in den letzten Jahren kommen jedoch Bienen arg in Bedrängnis – einerseits durch Milben, die sie befallen, andererseits aber auch durch viele Agrargifte, die vor allem beim Maisanbau verwendet werden.

Daher ist Bienenschutz besonders wichtig, und Bienenstöcke im Garten oder in der Umgebung sorgen zudem für mehr Ertrag, da die Blüten viel besser befruchtet werden.

Foto: shutterstock/smereka 067

Äste, die beim Strauch- und Baumschnitt anfallen, eignen sich hervorragend als Pflanzenstützen.

AUFBINDEN
und
STÜTZEN

Strumpfhosen zum Festbinden

Zum Aufbinden von Blumen, Gemüse etc. zerschneide ich alte Strumpfhosen in verschiedener Stärke. Durch die Dehnbarkeit werden die Pflanzen nicht eingeschnitten und haben trotzdem Halt.

Christine Mann

Perfekte Idee – bei Obstbäumen kann man den Innenschlauch eines kaputten Fahrradreifens zum Festbinden verwenden: Achterschlinge um den Stamm und am Baumpfahl festnageln.

TOP TIPP

Rankhilfen für Gurken

Gerade Stöcke aus Haselnussästen im Abstand von ca. 20 cm senkrecht in die Erde stecken. Zweige der Birken waagrecht durch die senkrechten Stöcke fädeln, einmal vorn, einmal hinten – fertig ist der Gurkenzaun.

Juliane Folly

Das lässt sich auch mit dünnen Weidentrieben gut bewerkstelligen. Besonders dekorativ ist der Zaun im Blumengarten mit Duftwicken.

Kreative Pflanzenstütze

Mein Chinaschilf wurde bei Sturm und Regen oft ziemlich zerzaust. Ein altes Wagenrad aus Holz, bei dem mein Mann vier Nirostastützen gebastelt hat, verhindert dies nun. Das alte Wagenrad liegt ca. einen ¾ Meter hoch, die Gräser können schön geordnet durchwachsen und haben bei jedem Wetter guten Halt. Falls kein Wagenrad zur Verfügung steht, kann man auch von einem alten Fahrrad die Felgen als eine Pflanzenstütze verwenden.

Marianne Hintringer

Ähnliche Wirkung hat ein Gitter mit 10 x 10 cm – über ein Dahlienbeet in 50 cm Höhe gespannt, hält es die Pflanzen in Form.

Neujahrsraketen nutzen

Im Garten braucht man immer Stecken und Stäbchen zum Aufbinden von Pflanzen. Man braucht sie nicht zu kaufen, sondern kann sie am Neujahrstag sammeln. Die Raketenstäbchen findet man in allen Größen. Bei uns ist das schon zum Ritual geworden, und zum Aufbinden und für viele andere Dinge habe ich schon lange kein Holzstäbchen mehr gekauft.

Elisabeth Weik

Alle Äste von Haselnuss, Weide, aber auch Sanddorn eignen sich ebenfalls als Staudenstützen. Im zeitigen Frühjahr zum Beispiel zu den Pfingstrosen gesteckt, stehen später die Blüten stabil.

Es grünt
SO GRÜN

Rasen zum Spielen

Ein schön angelegter Garten bringt nichts, wenn am Ende kein Platz mehr bleibt, wo die Kinder Fußball spielen können, die Katze durchlaufen und der Hund herumtoben darf. Daher: Beete nie verstreut mitten im Garten anlegen, sondern eher am Rand des Gartens, dann bleibt genügend Rasenfläche. Und beim Mähen tut man sich auch leichter.

Barbara Zhanial

Um dennoch Gartenräume zu schaffen: Niedrige (robuste) Hecken (zum Beispiel aus Eibe oder Hainbuche) anlegen – die vertragen die Fußballattacken und machen den Garten wohnlicher.

Vor allem für Kinder ist ein ausreichend großer Rasen wichtig. Wenn dann auch noch die Brunnenpumpe verlockt, steht ausgelassenen Spielen nichts mehr im Weg!

(Foto: Shutterstock/Ann-Louise Hagevi)

TOP TIPP

Gelassenheit schafft Vielfalt

Im Frühjahr sollten nicht sofort alle kleinen, noch nicht erkennbaren Pflänzchen ausgezupft werden. So keimen viele neue Gewächse, da die Samen durch Vögel in den Garten kommen. Eine Ecke im Garten kann, sich selbst überlassen, zum Überraschungsbeet werden. Gleichzeitig ist dieses wilde Eck ein Unterschlupf für Eidechsen, Igel, und auch viele Schmetterlinge kommen hierher auf Besuch.

Sibylle Kreuter

Tierischer Pflanztipp

Beim Blumensetzen helfen mir meine Hunde: Sie buddeln schneller ein Loch als ich, und so geht die Gartenarbeit rascher und ohne viel Mühe voran.

Sylvia Bencze

Ich habe schon vieles gehört, dieser Tipp war mir jedoch fremd – ich bin aber überzeugt, dass es funktioniert, und hoffe nur, dass die Vierbeiner nichts anderes ausgraben.

TIPPS VOM BIOGÄRTNER

Kräuter- und Gemüse-„Rasen"

Meine Blumenwiese ist nicht nur eine Oase für Blühendes, sie ist auch ein großes Kräuterbeet. Das ist durch Zufall passiert. Meine „Überraschungskiste" mit altem Saatgut wird alle paar Jahre entsorgt, indem ich Samen, von denen nicht mehr alle keimen, in die Blumenwiese streue – dann wächst plötzlich allerlei Neues darin, Kräuter genauso wie Gemüse. Petersilie fühlt sich ausgesprochen wohl, die Bohnen schlingen zwischen den hohen Gräsern und sogar einige Radieschen bahnten sich schon den Weg durchs hohe Gras.

GIESSEN
leicht gemacht!

Regenwasser speichern

Eine nicht mehr benötigte Senkgrube sollte zum Regenwasserspeicher umfunktioniert und nicht zugeschüttet werden. Die Dachrinnen in die Senkgrube einleiten, und schon lässt sich, ohne die Trinkwasserreserven anzuzapfen, mit Wasserpumpe und Wasserhahn der Garten längerfristig mit Wasser versorgen.

Manfred Mitmannsgruber

Gute Idee – nur ganz wichtig: den Behälter zuvor entsprechend reinigen, damit keine Bakterien mit dem Gießwasser zum Gemüse kommen.

Nicht zu Mittag gießen

Ich vermeide es, während der heißen Mittagszeit zu gießen. Die Sonne steht dann am höchsten, wodurch das Wasser sehr schnell verdunstet. Besser ist es, ganz frühmorgens oder spätabends zu gießen. Das spart das kostbare Nass.

Manfred Roblek

Ein Tipp, den man nicht oft genug wiederholen kann – bester Zeitpunkt ist am Morgen, denn dann gibt es auch weniger Schneckenprobleme.

Pflanzen dressieren

Rasen, Blumenbeete und den Gemüsegarten nicht regelmäßig gießen. Die Pflanzen gewöhnen sich rasch daran, dass sie nur mit Regen auskommen müssen, wurzeln tiefer, und man hat weniger Arbeit.

Susanne Lentsch

In der Biolandwirtschaft geht man sogar so weit, dass die Pflanzen am Acker nur beim Setzen angegossen werden – den Rest müssen sie selbst bewältigen.

Plädoyer für Morgendusche

Die Rasenberegnungsanlage ist so eingestellt, dass sie um fünf Uhr in der Früh den Rasen und die angrenzenden Blumen so weit mit Wasser stärkt, dass sie genügend Kraft haben, auch die heißesten Tage zu überstehen.

Georg Patak

Nie nach Sonnenuntergang den Garten gießen, denn dann werden die Gelsen aufgescheucht – lieber zeitig in der Früh.

Richard Kotnauer

Ohne Zweifel ist das morgendliche Gießen das Beste – wenn die Zeit dafür fehlt, sollte man wenigstens den späten Nachmittag wählen, dann trocknen Blätter und Erde ab und es gibt weniger Probleme mit Schnecken und Pilzkrankheiten.

Die Morgenstunden sind die beste Zeit zum Gießen, nichts verdunstet unnötig und das Wasser trocknet rasch wieder ab.

(Foto: Franz Neumayr)

Handwarmes Wasser

Beim Gießen muss das Wasser in der Kanne „handwarm" sein, so gibt es keinen Kälteschock und die Pflanze wächst kräftig und gesund.

Franz Jungwirth

Wer nur Leitungswasser zur Verfügung hat, kann mit einem Beregner das Wasser „wär- men". Am späten Nachmittag aufgestellt, ist die Luft so warm, dass sich die kleinen Wassertröpfchen, die ziemlich kalt aus dem Regner kommen, bis zum Auftreffen auf Erde und Blätter kräftig erwärmen und so kaum Probleme mit Pilzkrankheiten auslösen.

Lieber durchdringend und nur hin und wieder gießen als öfter und in kleinen Mengen!

TOP TIPP

„Der Garten will jeden Tag seinen Meister sehen."

Das beherzige ich seit Jahren, denn dann sehe ich, ob er Wasser braucht, gedüngt gehört oder etwas weggeschnitten werden muss. Ich denke, mein Garten spürt die Liebe und Zuwendung, und alles wächst wunderbar!

Waltraud Haselsteiner

Kein Tag beginnt ohne Gartenrundgang am Morgen und endet ohne einen am Abend – diese Viertelstunde ist auch für mich Kraft zum Start und Erholung am Ende eines Arbeitstages. Und der Garten profitiert natürlich.

TIPPS VOM BIOGÄRTNER

Durchdringend gießen

Heiße Sommertage – der Boden ist ausgetrocknet und der Gärtner greift zu Gießkanne oder Gartenschlauch. Da ein wenig, dort ein wenig: Das war's. Dabei bringt ein solches Gießen ganz und gar nichts. Durchdringend zu wässern, heißt den Boden mindestens mit 30 Liter Wasser pro Quadratmeter zu versorgen. Das sind also drei Gießkannen voll. Oder: Man zählt beim Gartenschlauch. 21, 22, 23 … Erst bei 50 geht's zur nächsten Pflanze! Oder man stellt den Regner auf und platziert den Regenmesser, damit der Boden wirklich durchdringend gewässert wird.

Düngen bringt
NÄHRSTOFFE

Bunte Kräuterjauche

Zum natürlichen Düngen von Pflanzen aus Brennnessel, Löwenzahn und Schafgarbe eine Jauche ansetzen. Klein geschnittene Pflanzen mit Wasser vermischen und einige Wochen stehen lassen, bis eine Jauche entsteht. Dann 1 : 10 mit Wasser verdünnen, damit Kräuter und Gemüse nicht verbrennen. Die beste Wirkung erzielt man nach einem Regen – da ist das Wachstum sofort sichtbar.

Stefanie Laiber

Die gute alte Brennnesseljauche bekommt hier „Würze" durch Löwenzahn und Schafgarbe – sicherlich eine gute Kraftnahrung.

Kein Abseihen

Steckt man die Brennnesseln in einen Müllsack, der durchlöchert wurde, und damit in die Regentonne, dann gibt es beim Ausbringen der Brennnesseljauche keine Probleme mit den Blattresten.

Andrea Granitz

Mein Tipp waren immer Damenstrümpfe als Brennnesselsack. Einfacher ist aber die Variante mit dem Müllsack. Aber bitte nicht gleich danach wegwerfen, sondern wiederverwenden.

Gefrorene Jauche

Die stinkende Brennnesseljauche kennen die meisten, man kann sie aber ohne chemische Hilfsmittel geruchsneutral bekommen: Die Jauche einen ganzen Winter draußen lassen. Sie friert mehrmals durch, und so wird sie geruchsneutral. Die Wirkung ist aber die gleiche.

Anna Schrettle

Interessanter Ansatz. Nach einem Winter ist die Jauche nur nicht mehr so lebendig – werde ich aber auch probieren.

Echter Langzeitdünger

Wer einmal pro Jahr die Pflanzen mit Horn- und Knochenmehl versorgt, der düngt sie für ein ganzes Jahr. Diese beiden altbewährten Düngemittel sollten aber nicht zu fein vermahlen sein. Gerade Hornspäne geben über einen langen Zeitraum Nährstoffe ab.

Franz Hurnaus

Ganz wichtig ist bei den beiden organischen Langzeitdüngern ein lebendiger Boden – daher im Frühjahr immer auch Kompost in einer dünnen Schicht im Gemüsegarten aufbringen.

Wer von Anfang an seine Pflanzen mit biologischen Düngern wie Knochenmehl und Kompost versorgt, verhilft ihnen zu einem guten Start.

TIPPS VOM BIOGÄRTNER

Ausgewogene Ernährung

Das Schlagwort der „ausgewogenen Ernährung" kennen wir auch von unserer eigenen Kost. Genauso sollte es für die Pflanzen sein. Einzelne Dünger im Übermaß bringen nichts, ja im Gegenteil – sie verursachen Krankheiten und locken letztlich sogar viele Schädlinge an. Die beste Form der „ausgewogenen" Düngung sind Kompostgaben. Biogärtner bevorzugen daher das „Vererden" aller nährstoffreichen Bioabfälle, und erst der reife Humus wird zu den Pflanzen gestreut. Damit werden die Nährstoffe durch Regenwurm & Co. gleichmäßig verteilt, und es kommt zu keiner Überdüngung.

Biomischdünger selbst gemacht

Eine Leinentasche voll Schachtelhalm und eine Tasche voll Brennnesseln in einer Regentonne mit Wasser ansetzen. Zehn Tage lang jeden Tag umrühren, bis die Gärung abgeschlossen ist. In Kanister abfüllen, fertig ist der Naturdünger! 1 : 10 verdünnt ausgießen.

Elfriede Bremberger

Warum auch nicht probieren? Die Kieselsäure des Schachtelhalms stärkt bestimmt die Wurzeln. Üblicherweise wird der Zinnkrauttee aber nur gegen Pilzkrankheiten versprüht.

„Flüssige" Hornspäne

Ich verwende zum Düngen Hornspäne, die ich in einem Kübel mit Wasser für ein paar Tage einweiche. Immer wieder umrühren und dann 1 : 1 mit Regenwasser mischen. Ein- bis zweimal pro Woche wird damit gegossen.

Thomas Allhutter

Richtig entwickeln die Hornspäne erst dann ihre Düngewirkung, wenn die Mikroorganismen aktiv werden – daher leicht vergären lassen und bei den nährstoffzehrenden Gemüsesorten und Blumen ausbringen.

Pferdemist als Superdünger

Ich schwöre auf Pferdemist: Das ist eindeutig der beste Biodünger.

Pamela Gishamer

Das ist ganz bestimmt so, nur sollte man darauf achten, dass man Pferdemist bekommt, bei dem Stroh als Streu verwendet wurde. Sägespäne binden nämlich alle Nährstoffe und die Düngewirkung ist bei so einem Pferdemist gleich null.

Asche als Dünger

Asche in die Wiese streuen wirkt wie ein Dünger.

Harald Zimmer

Im Herbst Asche streuen und umgraben. Im Frühjahr frische Asche über das Umgegrabene streuen und abrechen. Damit verhindert man zudem, dass die Schnecken ins Gemüsebeet kommen, denn Schnecken mögen keine Asche.

Sabine Schießbühl

Asche enthält viele wichtige Mineralstoffe, vor allem Kalium allerdings heißt es aufpassen, dass es zu keiner Überdüngung kommt, und man muss bedenken, dass Holzasche auch Schwermetalle enthält, die ewig im Boden bleiben. Daher vorsichtig dosieren. Mein Tipp: pro drei Kubikmeter Kompost – ein Eimer voll Asche.

TOP TIPP

Bananenkaffee

Ich mische Kaffeesatz mit klein geschnittenen Bananenschalen und einer Handvoll Hornspäne. Das ist der beste Rosendünger.

Gabriele Stecher

Das hat schon meine Großmutter in ähnlicher Weise gemacht – sie grub Bananen rund um ihre Rosen ein.

Saure Milch als Dünger

Wenn Milch sauer wird, kann man sie als Gartendünger verwenden: mit Wasser gut vermengen (am besten 1 : 10) und Rosen und alle anderen Pflanzen damit düngen. Ich spüle auch jede Milchpackung mit Wasser aus und gieße damit meine Zimmer- und Balkonpflanzen.

Elisabeth Weik

Das habe ich noch nicht probiert! Verdünnte saure Milch ist auf jeden Fall ein perfekter Schutz gegen die gefürchtete Kraut- und Braunfäule bei den Tomaten. Zwei-, dreimal im Abstand von zwei Wochen übersprühen, hält die Krankheit von den Pflanzen fern.

Geheimtipp Kaffeesud

Ich verwende sehr oft Tee- und Kaffeesud mit viel Wasser zum Gießen der Pflanzen. Die Pflanzen wachsen dann besonders gesund und kräftig.

Traude Pascher-Möstl

Ich häufle meine Rosen im Herbst mit einer Mischung aus Erde, Kaffeesud (ein Geheimtipp meiner Mutter) und Asche (der Geheimtipp meiner Oma) an. Für meine Rosen ist das die beste Art und Weise zu überwintern, und im Frühjahr gibt's durch die Düngung kräftiges Wachstum.

Sabine Kornfeld

Kaffeesud und Teerest in Wasser eingeweicht sind ganz perfekte Düngemittel – vor allem, wenn es darum geht, „sanft" zu düngen. Bei Orchideen, bei Kräutern und auch bei Kakteen wirken diese Düngelösungen stark verdünnt (mindestens 1 : 10) fast wie ein Wunder.

Kaffee für die Regenwürmer

Regenwürmer lieben Kaffeesatz (wer sollte das besser wissen als Frau Wurm?). Mischen Sie Ihren Kaffeesatz unter den Kompost oder harken Sie ihn im Beet ein und locken Sie so die nützlichen Regenwürmer an.

Esther Wurm

… und Frau Wurm hat ganz recht – das Haustier des Biogärtners ist offenbar kof-

feinsüchtig. Bei mir sind sie nach einer offenen Gartentür mit vielen Besuchern und großem Kaffeeverbrauch zu Hunderten im Kaffeesud im Kompost zu finden.

Hühnermist als Balkondünger

Ich weiche öfter Hühnermist in Regenwasser ein und gieße damit meine Balkonblumen. Diese Blumen gedeihen prächtig!

Christine Wanek

Kein Dünger enthält mehr Stickstoff – daher heißt es aufpassen: Mit Hühnermistjauche verbrennt man sich auch schnell die Pflanzen. Immer gut verdünnen und nicht übertreiben.

Laubbrühe für Gemüse

Alte abgefallene Laubblätter nicht entsorgen, sondern entweder auf den Kompost geben oder als Dünger ansetzen.

In einer Gießkanne oder Regentonne mit Wasser aufgefüllt ca. zwei bis drei Wochen stehen lassen! Der beste, natürlichste Dünger, besonders für Gemüsegärten!

Claudia Auringer

Das passiert bei mir manchmal durch Zufall – wenn ich im Herbst vergesse, die Regentonne umzudrehen. Das Restwasser nehme ich gern zum Gießen der Kübelpflanzen.

Apfelessig als Biodünger

Ein sehr guter Biodünger ist Apfelessig. Ich verwende ihn einmal pro Woche und gebe ein bis zwei Teelöffel in eine Zehn-Liter-Gießkanne!

Hilde Lorenzer

Ist zum Beispiel sehr gut auch bei allen kalkfeindlichen Pflanzen, wie Kamelien, Azaleen oder Gardenien, denn Essig neutralisiert den Kalk. Nicht überdosieren, sonst gibt es einen Misserfolg!

TOP TIPP

Kompostwasser

Gut abgelagerter Kompost wird in Stoffsäckchen gefüllt und zugebunden. In einen Eimer mit Wasser legen und zugedeckt zwei Wochen ziehen lassen. In dieser Zeit fermentiert der Sud und es bilden sich nützliche Bakterien. Verdünnt wird damit gegossen und er erfüllt zwei Funktionen: optimale Nährstoffversorgung und Schutz gegen Schädlinge und Krankheiten.

Eva Hohenbichler

Ein uraltes „Heilmittel" – kann ich nur wärmstens empfehlen. Macht müde Böden wieder munter.

(Foto: shutterstock/Ryan Jorgensen_Jorgol)

Gut ernährte Pflanzen bilden kräftige Wurzeln und einen gesunden Wuchs.

Hefe aktiviert

Bei jedem Gießen ein Päckchen Trockenhefe auf zehn Liter Wasser auflösen. Die Pflanzen, ob im Freien oder im Innenbereich, danken es sehr; sie werden sattgrün, gedeihen prächtig und setzen viele Blüten an. Auch die Balkonblumen sind eine Pracht.

Gisela Gratl

Hefe aktiviert viele Prozesse in der Erde. Ich würde allerdings nicht übertreiben – alle zwei, drei Monate ist ausreichend für diese Hefewasserbehandlung.

Mit Kompost versorgt wird der Boden immer besser – humusreich und locker.

Gold des
BIOGÄRTNERS

Komposthaufen als Hochbeet

Ist mein Komposthaufen voll gefüllt, gebe ich eine Schicht Erde darauf und verwende ihn wie ein Hochbeet. Gepflanzt werden dann Zucchini – die gedeihen prächtig und es gibt einen großen Ertrag.

Manfred Jungbauer

Alle Starkzehrer können bei genügend dicker Erdschicht am Kompost gepflanzt werden: Kraut, Kohl und die traditionellen Kürbisse – sie wachsen hier besonders gut.

Blitzstart für den Komposthaufen

½ kg Zucker vermischt mit zwei Päckchen Trockenhefe aufstreuen, das beschleunigt die Zersetzung.

Ilse Heinrich

Mit Zucker und Hefe kann man übrigens auch ein Frühbeet besonders rasch „aufheizen": Mist, gemischt mit Laub und grobem Kompost, mit heißem Wasser, das mit Zucker und Hefe vermischt ist, übergießen und 15 cm mit Erde überdecken. Unter Folie oder Glas wächst dann im Mistbeet das Gemüse besonders zeitig und rasch.

Dekorativer Kompostsilo

Wir schlagen Pflöcke im Kreis ein und flechten Weidenäste waagrecht dazwischen. Mit einer Klappe ganz unten kann schon nach einigen Wochen die erste Erde entnommen werden. Der „geflochtene" Komposthaufen sieht dekorativ aus.

Clemens Pöschko

Eine gute Idee, wie man preisgünstig und dekorativ einen Komposthaufen herstellt. Verrottet der Behälter – wird auch er kompostiert.

Der gesiebte Dünger

Damit spart man sich Dünger: Gartenkompost wird bei mir im Frühling gesiebt und im Obstgarten und auf den Gemüsebeeten aufgebracht. Geschützt mit Vlies, wächst das Gemüse dann besonders gut.

Barbara Koppensteiner

Ein Tipp dazu, wie es noch bequemer geht: Kompost ungesiebt auf die Beete streuen und dann die groben Teile abrechen – das geht besonders schnell. Die Reste kommen gleich auf den neuen Komposthaufen.

Kaffee im Kompost

Kaffeesatz im Komposthaufen verfeinert ihn und er wird von Schnecken abgelehnt. Ich konnte beobachten, dass dadurch insgesamt im Garten viel weniger Schnecken sind. Seit Jahrzehnten gebe ich auch Walnussblätter in den Kompost. Sie brauchen zwar etwas länger zum Verrotten, schaden aber keineswegs durch die Gerbsäure.

Robert Schmutz

Nusslaub ist ebenso wie Eichenlaub kein „Gift" – extra kompostiert ist es sogar ein idealer Torfersatz und die beste Erde für alle Moorbeetgewächse. Lediglich die Verrottung dauert in etwa drei Jahre.

Omas Erdrezept

Man nehme Erde aus dem eigenen Kompost, etwas Pferdemist und etwas Kaffeesatz, mixe alles zusam-

men, und schon hat man die perfekte Erde für sein Beet. Die Paradeiser meiner Oma schießen nur so in die Höhe, meine bleiben klein und zierlich – jetzt mach ich es wie die Oma.

Jasmin Bursik

Die Oma hat Erfahrung! Aber aufpassen, keinen frischen Pferdemist verwenden; er sollte schon gut ein Jahr abgelagert sein, sonst ist er zu scharf.

Schafwolle als Kompostzusatz

Ich lege jedes Jahr viele große Komposthaufen in meinem großen Garten an. Zwischen den einzelnen Lagen lege ich eine dünne Schicht Schafwolle. Die Schmutzwolle von Bauch und Beinen speichert Wasser und ist ein guter Stickstoffdünger. Außerdem liefert die Wolle Stickstoff.

Barbara Harlacher

Die Wolle gibt es übrigens mittlerweile als Pellets. Ein guter Dünger für alle Kübelpflanzen und für einige Zeit eine Schneckenbarriere rund um gefährdete Pflanzen.

Praktischer Kompostsilo

Kompost einfach mit drei alten Einwegpaletten bauen. Das Material ist dadurch gut durchlüftet und der Silo kostet praktisch nichts.

Gerlinde Bittermann

Genauso praktisch ist zum Kompostieren von Herbstlaub ein Silo aus einem Maschen-

drahtzaun. Im Kreis aufgestellt und fixiert, lässt sich darin das Laub kompostieren.

Glückliche Pflanzen

Es ist ganz einfach. Ich unterhalte mich mit meinen Pflanzen. Das macht sie glücklich, sie wachsen schneller und sehen gesünder aus!

Jasmin Gitschthaler

So komisch es klingen mag: Ich spreche mit den Blumen, so wie das auch Prinz Charles macht. Immer nach dem Gießen ist „Sprechstunde". Ich bin überzeugt, dass dies für Pflanzen und Menschen gut ist.

Josef Kristaloczi

Auch ich rede mit meinen Pflanzen, manchmal schimpfe ich mit ihnen. Aber das Lob überwiegt. Nicht mit lauter Stimme – sondern in Gedanken. Das macht auch meinen Kopf frei und die Gartenrundgänge werden zur ganz persönlichen Gesprächstherapie.

MULCHEN
für Intelligente

Mit Rasenschnitt mulchen

Frischer Rasenschnitt aufgestreut, hält die Erde feucht und unterdrückt Unkraut im Blumen- und Gemüsebeet, bei Beerensträuchern und unter den Baumringen.

Ernst Zaiser

Da kann man nur sagen – ja, so ist es! Biogärtner nehmen den Rasenschnitt gleich ganz frisch, denn die Welkekraft des Rasens geht in den Boden über, und außerdem bildet das welkende Gras eine noch bessere Abdeckung.

Das Laub bleibt im Herbst unter den Gehölzen liegen und alle Beete werden ausreichend gemulcht.

Vlies und Mulch

Unsere Abhilfe gegen lästiges Unkrautjäten sind ein Gartenvlies und Rindenmulch. Auf einer schrägen Fläche haben wir das angewendet und sind mit dieser Alternative sehr zufrieden. Sieht super aus und ist eine große Arbeits- und Zeitersparnis gegenüber dem Rasenmähen.

Brigitte Hochreiter

Dabei aber nicht die Pflanzen vergessen – ideal sind hier auch Bodendeckerrosen oder Wildsträucher, wenn mehr Platz zur Verfügung steht.

Scheren und mulchen

Bei hohen Temperaturen sollte man das Unkraut wegscheren. Das ist zwar eine mühsame Arbeit, dafür aber bleibt der Garten für längere Zeit unkrautfrei.

Karin Eder

Wirkt sicher, aber der Boden leidet. Daher „wegscheren" und danach sofort mulchen ist mein Tipp als Ergänzung.

Instantmulchen

Ich schneide zum Beispiel verblühte Rosen, Pfingstrosen, aber auch andere Stauden wie Glockenblumen beim Rückschnitt sofort klein zusammen und verteile das Schnittgut gleich als Mulchschicht bei den jeweiligen Pflanzen. Genauso wird dies bei heruntergefallenen Aststücken gemacht. Die verteile ich wie Rindenmulch im Garten.

Christine Hoschopf

Das ist schon der erste Schritt zum Permakulturgärtnern: Nichts geht verloren. Perfekt! Nur bei sehr kranken Rosen sollte man das Laub entfernen und mindestens ein Jahr im Inneren des Haufens kompostieren, dann gibt es keine Krankheitserreger mehr.

Funkien als Unkrautbremse

Ein schmaler Streifen zwischen Gartenteich und der Grundstücksgrenze war immer von Unkraut überwuchert. Die Bepflanzung mit *Hosta* (Funkien) hat sich bewährt – im Frühjahr wird nur einmal das Unkraut entfernt und den Rest des Jahres hat man keine Mühe mehr. Wenn man verschiedene Sorten pflanzt, entsteht ein Augenschmaus aus verschiedenen Grüntönen.

Susanna Zenz

Große Blätter unterdrücken immer das Unkraut. Sehr gut als Unkrautbremse ist

(Foto: shutterstock/mille)

Die großen Blätter der Funkien bedecken den Boden zur Gänze.

der Frauenmantel geeignet. Bei den Immergrünen eignet sich dafür auch Efeu sehr gut.

TOP TIPP

Gründüngung als Naturmulch

Ich baue jedes Jahr im Spätsommer Gründüngung an. Das sieht nicht nur hübsch aus, es ist auch gut für den Boden, denn beim Bodenbearbeiten im Frühjahr ist die Erde locker und ganz krümelig.

Petra Gruber

Ob Bienenfreund (Phacaelia) mit den herrlichen Blüten oder Ölrettich mit seinen besonders tief reichenden Wurzeln. Ob Gelbsenf (nie aber, wo Kohl angebaut war) oder Erbsen oder Bohnen – sie alle durchwurzeln die Erde und lockern sie. Der Mulch, der abgefroren auf der Erde liegen bleibt, schützt beim Start ins Gartenjahr. Daher nicht entfernen, sondern gleich dazwischenpflanzen.

TIPPS VOM BIOGÄRTNER

Herbstlaub ist Rohstoff

Ohne Laub könnte sich in unserem Garten kein Humus bilden. Diese Mulchschicht ist Quartier für viele Nützlinge, das Laub hält den Boden feucht und sorgt für gesunden Humusnachschub. Decken Sie den Gemüse- und Blumengarten im Herbst daher dick mit den bunten Blättern ab.

Extra kompostiert ist Laub ein guter Ersatz für Torf, den der Naturgärtner generell nicht verwendet, um die Moore zu schützen. Reines Nuss- und Eichenlaub ist nach drei Jahren besonders gut geeignet.

(Foto: shutterstock/Janis and Julija Pogostins)

Unkraut einfach ausreißen und als Mulchschicht liegen lassen, ist eine bequeme Lösung im Gemüsegarten.

Kampf dem UNKRAUT

Mulchen mit Lava

Die beste Maßnahme gegen Unkraut in Blumenbeeten ist für mich, eine Mulchschicht aus Lavakiesel anstelle von Rindenmulch aufzubringen. Die beiden großen Vorteile: Lava verrottet nicht und man kann sie auch überall hingeben, da dieses Material die Erde nicht sauer macht.

Bettina Scharaditsch

Das kann ich nur unterstützen – auch Kies und Splitt ist geeignet. Arbeitet man mit den Jahren das Material ein, wird der Boden automatisch durchlässiger und die wenigen Unkräuter lassen sich leichter entfernen.

Saure Unkrauttipps

Der beste Tipp zur Entfernung des Unkrauts (vor allem auch bei den gepflasterten Bereichen) ist Essigreiniger.

Astrid Biermayr

Essigessenz mit Wasser vermischt in eine Sprühflasche geben und die Stellen damit einsprühen. Unkraut und auch Ameisen haben dagegen keine Chance.

Sandra Ukaj

Zwei bewährte Mittel gegen Unkraut:
1 EL Soda
+ 1 l kochendes Wasser oder
1 EL Salz
+ ½ l Essig
+ 2 l Wasser
Die kochende Lösung auf die Unkrautstellen leeren. Eventuell nach einigen Tagen wiederholen.

Maria Bauer

Wenn alles nicht hilft, kommt ein Hochdruckreiniger zum Einsatz: Die Düse, die extrem hohen Wasserdruck erzeugt, über Fugen und Platten führen. Da kann sich kein Unkraut halten!

Werner Furthmoser

Als Biogärtner kann ich mich mit den „sauren" Tipps nicht so sehr anfreunden, wenn auch im Biogartenbau Unkrautmittel nach diesem System angeboten werden. Dennoch wäre das Auszupfen oder das mechanische Entfernen am umweltfreundlichsten.

TOP TIPP

Zeitung gegen Unkraut

Wir legen auf den Gartenwegen zwischen den Beeten dicke Lagen aus Zeitungspapier oder Karton und erst darauf kommt das Häckselgut. Die Wege sind bei Regenwetter trocken und das Unkraut kommt nicht so schnell durch.

Hermann Burger

Und im Herbst ist alles verrottet – perfekte Idee!

Unkrautvlies hat Nachteile

Nur wenn wenig Flugsamen (Löwenzahn, Gräser etc.) vorhanden sind, sollte man Unkrautvlies verwenden. Die Samen fliegen nämlich an, wurzeln „von oben" und man kann das Unkraut nur sehr schwer entfernen. Ich musste regelrechte Unkrautmatten vernichten.

Elisabeth Krivanek

Ich bevorzuge Verpackungskarton als Mulchauflage – der verrottet innerhalb eines Jahres und man kann den Boden wieder problemlos bearbeiten und mit Kompost versorgen.

Schon GEHÖRT?

Gartengeräte ohne Rost

Rost auf Gartengeräten, Laternen, Rasenmähern etc. verschwindet, wenn man sie mit einer Zwiebel einreibt.

Birgit Jocham

Das Entrosten funktioniert übrigens auch mit unreifen, also grünen Tomaten. Halbieren und damit die Geräte „abreiben".

Schirm abdichten

Gärtner suchen bei leichtem Regen oft Schutz unter einem Schirm. Undichte Gartenschirme und Markisen können auf der Unterseite mit Wasserglas bestrichen werden, und schon sind sie wieder dicht.

Wilhelm Richter

So holt man sich bei Regenwetter nur nasse Füße ...

Ein geschmeidiger Gartenschlauch

Legen Sie den Gartenschlauch über Nacht in eine Lösung von 1 Teil Salmiak und 2 Teilen Wasser, er wird wieder biegsam.

Agnes Thinschmidt

Und gleich auch noch mein Schlauchtipp: Knickt der Schlauch immer an einer Stelle, dann ein Stück Schlauch aufschneiden und darübergeben. Die Verstärkung mit Textilklebeband fixieren.

Kein verlorener Schlüssel

Werden Schlüssel für Schuppen-, Garten- oder Garagentor mit einem sehr großen bunten Anhänger (nicht braun oder grün), am besten rot, orange, gelb oder blitzblau, versehen, können sie im Gras oder auf der Erde leicht gefunden werden. Aus eigener, leidvoller Erfahrung lernt man!

Elisabeth Weik

Gleiches gilt fürs „kleine Werkzeug": Bei Scheren, Grabschaufeln oder Messern den Griff mit einem orangefarbenen Leuchtklebeband umwickeln. Dann findet man sie rasch.

Fototagebuch

Jeder Garten unterliegt Veränderungen. Darum mein Gartentipp: Fotografieren Sie Ihren Garten quer durchs Gartenjahr und vor allem im Wandel der Jahre. So können Sie sich auch im Winter an Ihrem blühenden Garten erfreuen, die Vorfreude aufs nächste Gartenjahr wächst, und Erinnerungen, wie sich Ihr Garten über die Jahre entwickelt hat, lassen sich zurückholen.

Christa Lachinger

Über viele Jahre mache ich das nun schon, und man ist immer wieder erstaunt, wie aus kleinen Gehölzen mächtige Bäume werden, wie aus wenigen Äpfeln in den ersten Jahren eine Massenernte wird – dieses Tagebuch lohnt sich!

TIPPS VOM BIOGÄRTNER

Tontöpfe entkalken

Blumentöpfe aus Ton, die verkalkt und unansehnlich geworden sind, sollte man nicht mit einem Haushalts-Kalkentferner reinigen. Die Säure schadet später den Wurzeln. Gibt man in einen Eimer Wasser einige Spritzer Essig und legt die Töpfe mehrere Tage hinein, ist der Kalk weg. Anschließend im klaren Wasser noch ein paar Tage auswässern. Sind die Töpfe abgetrocknet, kann man sie mit Speiseöl einreiben und sie sehen wie neu aus. Noch einfacher geht es so: Legt man die grauen Töpfe einige Zeit in den Gartenteich, werden sie auch wieder wie neu – der Kalk löst sich in dem leicht sauren Wasser gut ab.

Gesundes
GEMÜSE

Es ist das Schlaraffenland vor der Haustür – der Gemüsegarten. Dort, wo die frischen Vitamine wachsen, ohne Chemie und ohne Gift. Dort, wo man miterlebt, wie Tomaten, Gurken und Salat gedeihen – da ist für viele das Herzstück eines Gartens. Die Blumen sind die Dekoration, aber den Ursprung hat der Hausgarten in der Versorgung mit frischen Nahrungsmitteln. Die Bedeutung des eigenen Gemüseanbaus nimmt gerade in den letzten Jahren wieder stark zu, und das bemerkt man auch bei den vielen Hunderten Tipps zum Gemüsegarteln.

(Foto: shutterstock/Denis Pogostins)

Einfach starten lässt sich mit Radieschen,
die erste Ernte ist immer ein großer Erfolg!

ERFAHRUNGS-AUSTAUSCH
unter Gleichgesinnten

Erfolgreich Garteln kann man dann, wenn man früh startet. Damit ist aber nicht das Gartenjahr gemeint – hier ist oft der spätere Beginn der erfolgreichere. Gemeint ist ein Gärtnerleben: von Mutter, Vater oder den Großeltern Tag für Tag ein wenig lernen. Aber nicht nur von ihnen. Bei Besuchen in Schaugärten, auf Messen oder bei offenen Gartentagen in der Gärtnerei lernt man am meisten. Da eine Idee, wie man Bohnen kreativ wachsen lässt, dort eine, wie man die Kartoffeln kultivieren kann, und Tipps, wie Tomate & Co. noch besser gedeihen.

Mit den Jahren wird ein Garten so zu einem Sammelsurium an eigenen Erfahrungen und Ideen, die man von Gartenfreundinnen und Gartenfreunden bekommen hat. Und von Jahr zu Jahr wird der Erfolg größer – getreu dem Motto: Gemeinsam geht's besser. Die Tipps in diesem Buch sind Beweis dafür.

TIPPS VOM BIOGÄRTNER

Im Gemüsegarten

Frisches Gemüse gehört zu den Erfolgserlebnissen im eigenen Garten. Startet jemand neu, dann sollte er drei Dinge beachten:

Nicht zu viel vornehmen: Gemüsegärten benötigen mehr Pflege als der Ziergarten, daher klein beginnen und erst nach und nach Beet für Beet dazuplanen.

Boden gut vorbereiten: Nur so kann sich ein Erfolg einstellen. Tiefgründig lockern, bei schweren Böden Sand und Kompost einarbeiten und immer mulchen.

Einfach starten: Tomaten, Pflücksalate, aber auch Radieschen und alle Kräuter gehören zu den einfach zu ziehenden Gemüsearten.

PARADIES-FRÜCHTE
pflanzen

Tomaten vermehren

Samen und Fruchtfleisch auf ein Stück Küchenrolle geben, im Februar das oberste Blatt mit den Samen von der mehrlagigen Küchenrolle lösen und auf eine Saatschale mit Erde legen. Sind die Pflänzchen 10 bis 20 cm hoch, können sie vereinzelt werden.

Christa Baumgartner

Noch besser ist es, wenn man das Fruchtfleisch zuerst in einem Glas zwei, drei Tage „vergären" lässt, denn dann löst sich der Schleim um die Samen, der die Keimung in der Frucht verhindern soll. Erst dann auf die Küchenrolle zum Trocknen legen.

Saatgut fürs nächste Jahr

Aufgeplatzte Tomaten drücke ich gleich in den Boden. Das Ergebnis im Frühjahr: Es gibt viele Gratispflanzen – und das ohne Mühe und Arbeit.

Irmgard Hofgartner

Guter Tipp – aber aufpassen: Das geht nur bei den alten samenfesten Sorten. Hybridtomaten bringen in der zweiten Generation nur selten verwendbare Früchte hervor.

Tomaten täglich streicheln

Schon im März säe ich meine Tomaten aus. Da zu dieser Zeit mangels Licht die Pflanzen in die Höhe schießen, also „vergeilen", gibt es einen Trick: die jungen Pflänzchen mehrmals am Tag streicheln. Dadurch glauben die Pflanzen, sie würden irgendwo anstoßen, und wachsen gedrungener und stabiler. Beim Pikieren immer wesentlich tiefer setzen als vorher, da sie am Stängel Wurzeln bilden und sich so die Standfestigkeit der Pflanzen erhöht.

Lisa Steininger

Das „Streicheln" klingt ungewöhnlich, wird aber auch im Profibereich mit großen Geräten gemacht, die Stoffbänder langsam über die Pflanztische ziehen und so ein gedrungenes Wachstum erzielen.

Brennnesseln zu den Wurzeln

Beim Pflanzen von Paradeisern gebe ich Brennnesselblätter in das Pflanzloch und setze sie tiefer, als sie im Pikiergefäß waren. Ausgebrochene Geiztriebe und Paradeiserblätter las-

se ich am Boden liegen. Es sollten nicht zu viele Blätter entfernt werden, denn Tomaten reifen auch zwischen den Blättern.

Brigitte Nachförg

Brennnesseln sind ein wahres Wunderkraut. Auch als Mulch sind sie ganz perfekt.

Wenn ich Paradeiser setze, gebe ich in die Pflanzgrube zerhackte Brennnesseln und dazu etwas Hefe. Den Boden bessere ich noch mit sogenannter „Stockerde" aus dem Wald auf. Das ist jene Erde, die in den Wurzelmulden von Laub bedeckt ist.

Hildegard Pitschmann

Nur eine Bitte: Zuerst den Waldbesitzer fragen, oder noch besser: Selbst Laubkompost aufsetzen – daraus entsteht die beste Erde, die es gibt.

Für die Samengewinnung sollten Tomaten überreif sein, grüne Früchte eignen sich nicht.

[Foto: shutterstock/E. O.]

(Foto: shutterstock/Filip Miletic)

Besonders viele Früchte bilden sich, wenn die Tomatenpflanzen gut gedüngt und gewässert werden.

Griechische Paradeiser

Bei uns werden Paradeiser nach griechischem Vorbild gesetzt: Gartenbeet wie eine Wanne ausgraben. Erde am Rand gut verfestigen und Paradeiser in die Mulde setzen. Vorteile: Das Gießwasser läuft nicht gleich ab, die Pflanzen profitieren vom vielen Wasser und die Blätter bleiben trocken, weil nur in die Erde gegossen wird.

Christine Hell

Trotzdem zusätzlich die Pflanzen von oben schützen – denn bei uns ist der Regen das Problem.

Kuhfladenpflanzung

Zur Fruchtbildung benötigen Tomaten reichlich Dünger. Ich verwende getrockneten Kuhmist (direkt vom Bauern), den ich ins Pflanzloch lege und die Tomatenpflanze darauf einsetze.

Klaudia Litschauer

Wer keinen Bauern in der Nähe hat – Kuhmist gibt's auch getrocknet in Form von Pellets.

Topfreifen im Tomatenhaus

Bei alten Kunststofftöpfen – mind. 25 cm Durchmesser – schneide ich den Boden ab, grabe sie im Tomatenhaus ein, sodass noch 4 cm aus der Erde schauen. Darin pflanze ich dann meine Tomaten. Das Gießen und Düngen geht problemlos, weil alles direkt bei der Pflanze bleibt.

Martina Sandgruber

Sollte auch bei Gurken gut funktionieren!

Ungeliebte Freunde

Tomaten soll man nie in die Nähe von Kartoffeln pflanzen, sonst bekommen sie Braunfäule. Sie werden hart und es bilden sich braune Flecken. Die bodennahen Blätter bis zu einer Höhe von 30 cm wegbrechen, dies lässt die Luft gut zirkulieren.

Theresia Klinglmair

Braun- und Krautfäule ist eine Familienkrankheit – die beiden Nachtschattengewächse Tomaten und Kartoffeln werden gleichermaßen befallen.

Zunehmender Mond

Tomatenstauden brauchen viel Sonne, stellen aber wenige Ansprüche an den Boden. Wichtig ist allerdings der richtige Zeitpunkt beim Setzen: Es sollte zunehmender Mond an einem Fruchttag vorherrschen. Wir setzen zwischen die Tomaten immer Kopfsalat, während Zwiebeln wie ein Zaun den Rand bilden.

Iris Winter

Ich verwende die „Aussaattage" von Maria Thun. Sie führt seit über 50 Jahren Pflanzversuche durch und überzeugte mich bei einem Besuch ihres Anwesens.

Vorfrucht Petersilie

Bevor Sie Tomaten setzen, ist es gut, Petersilie als Vorfrucht zu säen.

Werner Himly

Gute Mischkulturpflanzen sind auch Buschbohnen, die liefern gleich den nötigen Stickstoff.

Nutzen und Zierde

Um alles im kleinen Garten unterzubringen, habe ich Tomaten und andere Gemüse zwischen den Sommerblumen und niedrigen Stauden gepflanzt. Sieht schön aus und die Früchte schmecken köstlich.

Heidi Glavanovits

Ist sogar in englischen Gärten ein Trend. Sir Christopher Lloyd pflanzte schon Kohl in seine Staudenbeete – eine gute Idee, nicht nur für kleine Gärten!

Hängetomaten

Seit Jahren setze ich Tomaten, aber auch Erdbeeren und einige Blumen in Körbe, die ich dann an die unteren Äste meiner Bäume hänge. Das sieht lustig aus und ich habe den Platz optimal ausgenützt.

Anita Höfferer

Jetzt weiß ich, wo das Schlaraffenland ist ... aber unter manchen Bäumen könnte es dafür zu schattig sein!

Mehr Aroma

Beim Gießen und jedem Vorbeigehen schüttle ich die Tomaten ein wenig. Durch das Schütteln entstehen leichte Verletzungen, die die Tomaten unter Stress setzen. Das Fruchtaroma wird intensiver.

Albert Foidl

Und noch viel wichtiger: Durch das Schütteln wird die Befruchtung verbessert. Gärtner schütteln ihre Pflanzen in Gewächshäusern, wo wenige Insekten unterwegs sind, an sonnigen Tagen zur Mittagszeit.

Geizen mit Geiztrieben

Ich züchte mir junge Tomatenpflänzchen aus den Geiztrieben, die man oft wegschneidet. Mit guter Erde wachsen sie schnell an und man hat, etwas verspätet, aber sicher, neue Pflänzchen zur Verfügung. Unglaublich, wie leicht diese anwurzeln.

Claudia Steinacker

Auch ich kenne einige Gartenfreunde, die auf diese Art ihre Tomaten über den Winter im Haus weiterziehen.

Hilfe zur Befruchtung

Tomaten sind Selbstbestäuber, die Blüten befruchten sich gegenseitig. Im Freien überträgt der Wind die Pollen, im Gewächshaus muss man für reichlich Durchzug sorgen oder die Pflanzen mehrmals pro Woche schütteln. Bei hoher Luftfeuchtigkeit lösen sich die Pollen aber schlecht. Übertragen Sie bei feuchtem Wetter den Blütenstaub besser mit einem Pinsel.

Gertraud Buchroither

Im Profibereich sind deshalb auch Hummeln im Einsatz. Die dicken Brummer lieben die Tomatenpollen.

Nur der Wind kann Paradeiser auf natürliche Weise bestäuben. Das Schütteln der Pflanzen hilft dabei.

(Foto: shutterstock/Marykit)

1 x 1 der TOMATEN-PFLEGE

Kräutertrunk für Tomaten

Meine Paradeiser wachsen wie wild, seitdem ich die Reste von meinen Kräutern (Schafgarbe, Kamille, Beinwell, Spitzwegerich) in Wasser ansetze, bis sie vergoren sind. Damit gieße ich die Pflanzen, die auf diese Weise sattgrün, buschig und übermäßig groß wachsen. Die Dosierung: eine Tasse voll in die Gießkanne.

Martin Hageneder

Das habe ich auch schon mit dem lästigen Giersch (Erdholler) und der Ackerwinde gemacht, die beim Unkrautzupfen in Massen anfallen – vergoren tun sie dann doch etwas Gutes.

Gemähter Brennnesselmulch

Tomaten lieben Brennnesselmulch. Dazu Brennnesseln auf dem Rasen aufstreuen, mit dem Mäher darüberfahren und die gehäckselten Blätter zu den Tomaten geben.

Corina Handler-Thonhauser

Grandiose Idee – ich habe das bisher nur mit dem Herbstlaub gemacht, die Brennnesseln hab ich bisher mühsam mit der Schere zerschnipselt.

Nicht verwöhnen

Tomaten nur beim Einsetzen erstmalig ordentlich gießen, mit Stroh mulchen und nicht mehr gießen! So müssen die Wurzeln selbst nach Wasser suchen und verzweigen sich weit und tief im Erdreich, die Pflanzen werden robust.

Romana Wonisch

Das kann ich nur bestätigen – am Beginn nicht zu viel gießen! Die Pflanzen schießen sonst nur ins Kraut.

Anfangs werden Tomatenpflanzen karg gehalten, erst bei Fruchtbildung stärker gießen.

(Foto: shutterstock/withGod)

TIPPS VOM BIOGÄRTNER

Topf siegt gegen Glashaus

Mein Traum war ein Gewächshaus für meine Tomaten. Die vielen Töpfe rund ums Haus sollten damit der Vergangenheit angehören und die Ernte sollte noch besser werden. Doch die Pflanzen im Glashaus entwickelten zwar viel Blattmasse, setzten aber kaum Früchte an. Ein Tomaten-„Guru" erklärte mir das Phänomen: In den Töpfen haben die Pflanzen Stress (wenig Wasser, Hitze bei den Wurzeln) – das lässt sie als Überlebensprogramm viele Früchte ansetzen. Im Gewächshaus geht es ihnen zu gut. Nun gibt es nach der Pflanzung für einige Wochen eine Diät, quasi einen künstlichen Stress.

Tontopf als Wasserspender

Im Gewächshaus grabe ich direkt neben der Pflanze einen Tontopf ein. In diesen wird das Gießwasser geleert. So bekommen die Wurzeln langsam die Feuchtigkeit und der Boden verschlämmt nicht.

Klaudia Litschauer

Auch ich mache es seit Jahren so – nur zu Beginn gibt's immer auch ein Schluckerl direkt zur Pflanze.

„Automatische" Bewässerung

Ich fülle Plastikflaschen mit Regenwasser, gebe etwas Biodünger dazu und stelle diese eine Weile in die Sonne. Hat sich das Wasser erwärmt, drehe ich die Flaschen mit Schwung um und drücke diese neben einer Tomatenpflanze in die Erde.

Allessandra Hubinger

Je wärmer es ist, desto größer können die Flaschen sein – da kann man dann sogar im Hochsommer ein paar Tage wegfahren.

Naturtomatenpfahl

Zum Hochziehen meiner Tomaten verwende ich feste gerade Baumzweige, die beim Baum- und Strauchschnitt abfallen. Das sieht nicht nur hübsch und natürlich aus, sondern ist gelebtes Recycling.

Barbara Dorner

Die besten Stäbe kommen von den Haselnusssträuchern – die sind robust und kerzengerade.

TOP TIPP

Schutz vor Stechmücken

Rispentomaten entwickeln während des Wachstums viele Geiztriebe. Die werden ständig ausgebrochen. Die Triebe lege ich dann auf das Fensterbrett, denn das hält Gelsen (Stechmücken) fern.

Elisabeth Berger

Genauso wirkt auch, wenn man die kleinen Balkontomaten direkt in ein Fensterkisterl setzt. Da gibt es auch deutlich weniger Stechmücken.

Strumpfhosen als Bindfaden

Zum Aufbinden meiner Tomatensträucher verwende ich zerschnittene alte Feinstrumpfhosen. Dieses Bindematerial ist elastisch, schneidet nicht ein und reißt dennoch nicht.

Barbara Dorner

Nur ein Tipp für die Gärtnerin? Was macht denn der Gärtner?

Stützpfähle mit Löchern

Probleme hatte ich früher immer beim Aufbinden der Tomaten und Gurken. Wurde die Pflanze größer, rutschte alles vom Stützpfahl ab. Nun gibt es das nicht mehr: Ich bohre im Abstand von ca. 15–20 cm kleine Löcher in den Stecken, durch die ich nun die Schnur oder den Draht ziehe.

Anna Preining

Selbst ist die Frau, kann man da nur sagen. Ich werde das in Zukunft auch auf diese Weise machen.

Gut beschirmt

Unsere Paradeiser sind mit Sonnenschirmen überdacht, dadurch haben wir keine Braunfäule.

Rosemarie Pflügl

Praktische Idee! Sind es Werbeschirme – hat man gleich noch einen Sponsor.

TOP TIPP

Tomatenhaus

Vier Holzsteher um die Pflanzen einschlagen, seitlich ein Rollo aus Vlies und obenauf kommt eine Hohlkammerplatte. An den Seiten/Ecken werden die Vliesbahnen mit Klammern befestigt.

Cäcilia Fasching

Einfacher geht's nicht und die Wirkung ist da: nämlich ein Schutz vor Regen – das Wichtigste für Tomaten!

Draht gegen Fäule

Tomaten bekommen keine Braunfäule, wenn man die Wurzeln mit Kupferdraht umwickelt.

Hilde Lorenzer

Es gibt immer wieder überraschende Tipps – Kupferspritzungen helfen definitiv gegen Braunfäule. Aber Umwicklungen mit Kupferdraht?

Magermilch gegen Krautfäule

Eine Magermilchspritzung hilft bei Tomaten und Kartoffeln gegen Kraut- und Knollenfäule:

Pflanzen einmal wöchentlich mit einer Magermilch-Wasser-Mischung (1 : 10) tropfnass spritzen. Dies kann vorbeugend geschehen. Aber es lohnt sich auch später noch, wenn bereits ganze Tomatenpflanzen mit Früchten befallen sind, mit dieser Biomischung zu spritzen.

Gudrun Kailbauer

Eine seit Langem bewährte Maßnahme gegen die lästige Krankheit – das kann auch ich nur empfehlen.

Farn hilft

Ich mulche meine Tomaten schon jahrelang mit Farnkraut und Ackerschachtelhalm und habe seither kein Problem mehr mit der Krautfäule.

Friedrich Josef Mallinger

Interessanter Versuch – die Erreger werden nämlich immer vom Boden über das Gießwasser auf die Blätter gespritzt.

Blütenendfäule

Meine Tomaten hatten die Blütenendfäule, ich düngte sie fleißig mit Eierschalen und Urgesteinsmehl. Nun mische ich gleich beim Pflanzen Eierschalen und Urgesteinsmehl unter die Erde. Seither gedeihen meine Paradeiser prächtig.

Elisabeth Beisteiner

Die Blütenendfäule entsteht durch einen Mangel an Nährstoffen – daher eine gute Methode.

Erste Blüten auszwicken

Bei den Tomatenpflanzen und Paprikapflanzen die ersten Blüten entfernen, dann ist der Ertrag um vieles größer.

Dorothea Weinseiss

Ich kenne das vor allem bei Zucchini, denn sie können die ersten Früchte nicht ausreichend ernähren und die Frucht beginnt zu faulen.

Wie groß die Früchte von Tomaten werden, hängt wesentlich von der Sortenwahl ab – „Fleischtomaten" bilden Riesenfrüchte.

Nicht in den Kühlschrank

Tomaten nie im Kühlschrank aufbewahren, sie verlieren an Geschmack und trocknen schneller aus, außerdem werden sie mit der Zeit runzelig. Die optimale Lagertemperatur liegt bei 15 °C.

Nicole Elmer

Und am besten schmecken sie pflückfrisch und sonnenwarm von der Staude!

Von **GURKEN, KÜRBISSEN** und **ZUCCHINI**

Noch Schnee? Keine Gurken!

Gurkenpflanzen dürfen niemals Schnee sehen, weder von der warmen Wohnzimmer-Fensterbank aus, geschweige denn im Garten. Es nützt auch kein Zudecken im Mistbeet oder Ins-Haus-Stellen, das habe ich alles schon probiert, sie gehen ein.

Barbara Seebacher

Ich kann mich an meine Kindheit erinnern – wollte man in der Klostergärtnerei vor Mitte Mai Gurkenpflanzen, bekam man sie nicht. Die Klosterschwestern meinten: „Unsere Pflanzen müssen überleben!"

Ein Wohlfühlplatz

Kürbis und Zucchini pflanze ich immer gleich direkt am Komposthaufen, da sie sehr stark wuchern. So habe ich im Gemüsebeet genug Platz für anderes Gemüse, der Komposthaufen ist gut beschattet und die Ernte enorm.

Martina Trötzmüller

Am besten wäre die Pflanzung am unteren Rand, dann holt sich der Kürbis die Nährstoffe, die ohnehin ausgewaschen werden.

Zauberhafter Gurkenvorhang

Am Rand des Hochbeets wachsen Gurken hervorragend, weil dort können sie die Wand der Holzverschalung hinunterwachsen, bekommen viel Licht und man nutzt den Platz gut aus.

Sandra Krimshandl-Tauscher

Das geht auch umgekehrt – bei Schlangengurken wachsen die Triebe gern nach oben.

Erfolg im Stallmistbeet

Gurken werden bei mir so gepflanzt: Das Beet gut auflockern, eine 5 cm tiefe Saatrille ziehen und jeweils einen Gurkensamen in walnussgroße, gut verrottete Stallmisthäufchen stecken. Alle 30 bis 40 cm wird auf diese Weise gepflanzt. Dann mit Erde bedecken und gut angießen. Bereits nach 14 Tagen sind die ersten Keimblätter gewachsen.

Rosa Plankenbichler

Nur eine Einschränkung – der Mist muss wirklich gut verrottet sein, sonst gibt es böse Überraschungen und der Keimling verbrennt.

Gurken wie auch Zucchini und Kürbisse zählen zum hungrigen Gemüse. Sie benötigen ausreichend Nährstoffe, um viele und große Früchte zu entwickeln.

Fußbad gegen Mehltau

Werden Gurken von unten und mit Regenwasser aus der Tonne gegossen, bekommen sie nicht so schnell Mehltau. Im Hochbeet gezogene Pflanzen gedeihen besonders gut, vor allem dann, wenn es mit Kompost aus dem eigenen Garten gefüllt wird.

Johann Kainz

Im Glashaus habe ich die gegenteilige Erfahrung gemacht, dass ein Überbrausen den Pflanzen sehr guttut.

(Foto: shutterstock/vlahuta)

Gurken aus dem eigenen Garten schmecken frisch und knackig.

Jungbrunnen für Gurken

Unsere Glashausgurken werden von unten oft schnell dürr. Dann schneiden wir den obersten Teil des Triebes, der noch grün ist, ab und stellen ihn ein paar Tage ins Wasser. Er treibt rasch Wurzeln, und dann setzen wir ihn wieder ein. Die neue Gurkenpflanze wächst flott und bekommt schon bald wieder Blüten und Früchte.

Maria Stockhammer jun.

Ich hab schon ein paarmal die langen (schönen) Triebe eingegraben, wo sie prompt Wurzeln bildeten, und dann ging es mit dem Wachstum wieder flott weiter.

Regelmäßig pflücken

Schlangen- und Minigurken sollten alle zwei Tage gepflückt werden, denn belässt man die Früchte zu lange an den Pflanzen, werden die nachfolgenden Blüten und jungen Früchte abgestoßen. Gurken sollte man außerdem immer abschneiden. Reißt man sie ab, können die Ranken beschädigt werden und absterben.

Nicole Elmer

Ein Tipp dazu für alle Singles: Seit einigen Jahren gibt es Minischlangengurken, die schon mit 10 cm Länge geerntet werden können. Köstlich sind diese Früchte!

TOP **TIPP**

Gurkenamputation

Extrem große Gurken kann man auch zur Hälfte ernten. Die an der Pflanze verbleibende Hälfte verschließt die Schnittfläche rasch mit Wundgewebe (Kallus), bleibt aber frisch und saftig.

Sabine Steinkreß

Wieder ein ungewöhnlicher Tipp – ideal für den Singlehaushalt!

TOP **TIPP**

Hochbeetfass

Aus Platzmangel pflanzte ich meine Gurken in einem alten Holzfass auf der Terrasse. Das etwa 60 cm hohe Fass füllte ich dann mit guter Komposterde auf. Als Rankhilfe kam in die Mitte eine Rolle Maschendrahtzaun. Das Wachstum war perfekt und auch optisch wurde mein Fass ein Blickfang.

Maria Riedl

Eine dekorative Idee! Gut gießen – das ist bei den Gurken das Wichtigste.

TIPPS VOM BIOGÄRTNER

Platzsparende Zucchini

Das köstliche Gemüse benötigt im Garten sehr viel Platz. Eine Möglichkeit in kleinen Gärten, die Beete besser zu nutzen, ist „kletterndes" Gemüse. Selbst bei Zucchini gibt es das.

Die Sorte `Black Forest` wächst an einem stabilen Pflock bei regelmäßigem Festbinden auf kleinstem Raum. Wichtig ist nur die frühe Ernte, denn dann schmecken die Früchte besser und die Pflanze bricht nicht unter der Last der riesigen Keulen zusammen.

Kreatives Hochbeet

Heuballen, die nicht mehr als Futter verwendet werden können, lassen sich als Hochbeet nutzen. Ganz einfach oben eine Öffnung aufreißen, Erde einfüllen und stark wachsende Gemüsesorten, wie Kürbisse oder Zucchini, pflanzen.

Katharina Füreder

Nicht vergessen: Hornspäne als Langzeitdünger in die Erde mischen.

Milch gegen Mehltau

Zucchini gieße ich mit verdünnter Milch und dem Wasser der ausgewaschenen Milchverpackungen. Seither habe ich keinen Mehltau mehr. Das hat auch bei meinen Rosen gut geholfen.

Wilgard Haller

Wer Zucchini regelmäßig mit reinem Wasser überbraust, hat auch weniger Mehltauprobleme. Versuche von Pflanzenschutzexperten zeigten, dass die Pilzerreger weggeschwemmt werden.

Es ist faszinierend zu beobachten, wie sich aus einer Zucchiniblüte die Frucht bildet.

(Foto: shutterstock/isak55)

(Foto: shutterstock/skolka)

Gelbe Zucchinisorten sehen den verwandten Kürbissen sehr ähnlich.

TOP TIPP

Leuchtende „Baum"kürbisse

Kürbisse lasse ich in Bäume ranken, das sieht im Herbst aus wie wunderbare orangerote Lampions und ich brauche am Boden keinen Platz dafür.

Carin Fürst

Idealerweise sollten die Bäume direkt beim Komposthaufen stehen – dann ist die Wuchskraft der Kürbisse am größten.

Im KRÄUTER-GARTEN

Der Wanderkräutergarten

Da ich auch in Wien nicht auf einen kleinen Kräutergarten verzichten wollte und mir die Blumenkästen am Fenster nicht ausreichten, zimmerte ich aus zwei Holzobststeigen ein hohes und mit Folie ausgelegtes Pflanzkistchen. Sandige Erde und Tongranulat dienten als Substrat, und darin setzte ich meine Kräuter. Diesen kleinen Kräutergarten nehme ich einfach mit, wenn ich eine Woche aufs Land fahre.

Susanne Lentsch

Keine schlechte Idee – aber was hätte ich mit den fünf großen Tomatenstauden machen sollen, als vor vielen Jahren der Balkon mein Garten war?

Für immer Petersilie

Ich hatte nie Glück mit Petersiliensamen, bis meine Nachbarin mir den Tipp gab, zwei, drei Pflanzen vom Vorjahr zum Absamen stehen zu lassen. Seither gibt es jedes Jahr so viel Petersilie, dass ich sie sogar verschenken kann. Der einzig nötige Dünger für das Kraut ist Kompost.

Maria Stallinger

Das mache ich genauso mit Dill – auch er wollte bei mir nie so richtig wachsen.

TOP TIPP

Basilikum darf nicht blühen

Wenn Basilikum zu blühen beginnt, sollten die Blütenspitzen abgezwickt werden, damit die Pflanze weiterwächst und die Kraft in die Blätter steckt.

Anita Diewald

Wer Basilikum stark beerntet, muss kräftig düngen. Biodünger und volle Sonne, dann fühlt sich das Kräutlein wie in Italien.

Erdbeeren lieben Schnittlauch

Damit Erdbeeren ganz besonders saftig werden und üppig wachsen, pflanze ich immer Schnittlauch dazu. Dadurch werden die Erdbeeren vor Schimmelbefall geschützt und gedeihen viel besser.

Melanie Konegger

Bei mir war es immer Knoblauch, der zu den Erdbeeren gesetzt wurde, aber Schnittlauch benötigen wir eigentlich viel mehr. Das werde ich in Zukunft auch machen.

Garantiert kein Mist

Wenn der Schnittlauch nicht mehr recht wachsen will, sollte der Stock in ein Gemisch aus Stallmist, Erde und Asche gesetzt und viel gegossen werden.

Franziska Auffenbauer

Mist gibt's bei mir leider keinen – daher nehme ich den pelletierten Rindermist. Und als Asche verwende ich nur reine Holzasche (und die dosiert).

Petersilie sollte jedes Jahr an anderer Stelle angebaut werden.

(Foto: shutterstock/Marina Averl)

Eierliebhaber

Omas Schnittlauch war immer der beste, denn sie düngte mit Eierschalenresten, die sie getrocknet und fein zerdrückt auf das Beet streute.

Karl Reitler

Eine alte elektrische Kaffeemühle ist der beste Eierschalenzerkleinerer – das Pulver wirkt Wunder.

Krause Petersilie ist sehr dekorativ und auch die Blüten des Schnittlauchs lassen sich in der Küche verwerten.

Petersilie kann Schnittlauch nicht riechen

Damit ein besseres Wachstum gefördert wird, sollten Petersilie und Schnittlauch immer getrennt gesetzt werden. Die Petersilie mag nämlich den Geruch des Schnittlauchs nicht.

Sabine Freller

Dafür fühlt sich Schnittlauch im Rosenbeet wohl. Wie wäre es mit einer Beetbegrenzung aus Schnittlauch anstelle der niedrigen Buchseinfassung? Das sieht fantastisch aus und ist ein Trend in England.

Schnittlauch statt Ziergras

Überall dort, wo man auch niedrige Ziergräser verwenden würde, pflanze ich Schnittlauch. Er sieht hübsch aus, bereichert die Küche und bietet Nektar für Biene, Hummel und andere.

Regine Markl

Besonders schön sind die weiß blühenden Sorten als Beetbegrenzung.

Keinen Bürstenhaarschnitt

Schnittlauch sollte nie ganz abgeschnitten werden, sondern immer 2 bis 3 cm stehen bleiben, dann wächst er rascher nach. Unbedingt alle Blütenstände bodeneben entfernen, denn die Stängel sind holzig. Noch üppiger gedeiht übrigens Schnittknoblauch – wenn man den Beigeschmack des Knoblauchs mag.

Richard Nouak

Klostergärtner haben mir einmal verraten, dass sie nach dem 15. August keinen Schnittlauch mehr schneiden. Damit sie dennoch frisches Kraut haben, gibt es ein paar „Opferstöcke" – die werden dann im kommenden Jahr kompostiert.

Schnittlauch sollte nicht zu kurz abgeschnitten werden, um rasch nachzuwachsen.

TIPPS VOM BIOGÄRTNER

Schnittlauch braucht Kälte

Eine Bäuerin hat mir vor vielen Jahren einmal folgenden Tipp gegeben: Schnittlauch wird im Spätherbst (etwa Mitte November) ausgegraben und die Stöcke werden dann mit der Wurzel nach oben aufs Beet gelegt.

Nur wenn der Schnittlauch gut durchfriert, dann wird er im kommenden Jahr stark und gesund wachsen. In Gegenden mit starkem Bodenfrost ist das nicht unbedingt notwendig, in milden Gegenden dagegen unverzichtbar. Ganz wichtig aber: das neuerliche Einpflanzen! Der umgedrehte Schnittlauch würde nicht mehr weiterwachsen.

Foto: shutterstock/Jodie Richelle

Gemüse- und Kräutergärten können verschieden gestaltet werden – hier eine Variante zwischen Hoch- und Gartenbeet.

Herbstkompost zum Anhäufeln

Vor dem ersten Frost mische ich halb Erde, halb Asche und häufle damit den Schnittlauch an. Vorher wird er auf bis zu 3 cm abgeschnitten. Im Frühjahr – schon bei den ersten Sonnenstrahlen – gebe ich alles wieder weg. Der Schnittlauch wächst sofort kräftig.

Theresia Wenzl

Mit der Asche vorsichtig sein – sie enthält oft auch viele Schwermetalle!

Gelbe Petersilie

In regenreichen Jahren werden sehr viele Nährstoffe ausgewaschen. Petersilie bekommt dann gelbe Flecken. Da nützt nur eines: ein radikaler Rückschnitt und das Beet mit Hornmehl düngen. Danach wächst die Petersilie wieder wunderbar.

Luise Brugger

Hier ist die gute alte Brennnesseljauche ein zusätzlicher Segen – einmal pro Woche damit gießen und das Wachstum beginnt.

Kaffeetabs als Dünger

Kaffeepulver aus den Tabs enthält Stickstoff und eignet sich zum Düngen von Petersilie. Es wirkt Wunder!

Rudolf Zeindlinger

Die Aluhüllen kommen dabei in die Reststofftonne.

Pastinake, Petersilie und Radieschen

Petersilie oder Pastinaken gleichzeitig mit Radieschen in eine Saatrille streuen. Die Radieschen gehen schneller auf und dienen als Markiersaat fürs Unkrautjäten. Petersilie oder Pastinake können durch den Schutz der Radieschen besser aufgehen, vor allem bei Trockenheit. Achtung! Immer frischen Pastinakensamen nehmen, da er sehr schlecht lagerfähig ist.

Anna Scharinger

Radieschen habe ich immer nur bei den Karotten zum Markieren verwendet.

Kerbel zu Paprika

Seit ich Kerbelsamen zwischen meine Paprikapflanzen säe, sind die Blätter lausfrei.

Maria Rack

... und die Kerbelsuppe ist köstlich!

Mehr Aroma

Küchenkräuter, die am Vormittag abgeschnitten werden, haben viel mehr Aroma.

Gerold Jocher

Nicht nur die Tageszeit zählt, auch in welchem Monat geerntet wird, hat einen Einfluss. Die meisten ätherischen Öle (bei Thymian, Salbei, Lavendel und Rosmarin) sind Mitte August in den Pflanzen – daher fällt auch in diese Zeit die Kräuterweihe.

Erfahrungen mit der Winterhärte

Ich habe die Erfahrung gemacht, dass Kräuter, bei denen „winterhart" steht (z. B. Oregano), manchmal trotzdem abfrieren, und Kräuter, die als nicht winterhart gelten (z. B. Currykraut, Argentinische Verbene), trotzdem oft gut überleben, sogar bei minus 15 °C! Wichtig ist, dass diese Pflanzen auf einem Platz stehen, wo auch im Winter die Sonne hinkommt, und dass sie erst ab Ende März zurückgeschnitten werden, nicht schon im Herbst.

Andrea Nouak

Und ganz wichtig ist, dass wintergrüne Kräuter auch immer gut gegossen werden. Sie frieren meist nicht ab, sondern verdursten (zum Beispiel Oregano, Salbei!)

Mediterrane Kräuter verströmen in der Sonne den Duft ihrer ätherischen Öle.

(Foto: shutterstock/Roxana Bashyrova)

TOP TIPP

Bunter Kräuterblütengarten

Seit Jahren wachsen bei mir im Gemüsegarten Dill, Kamille, Tagetes und Sonnenblumen. Sie säen sich selbst aus, sehen schön bunt aus und sind gleichzeitig auch gesund.

Johann Dürnecker

Und Insekten werden auch in großer Zahl angelockt. Noch ein Tipp: Teefenchel. Die Blüten sind für Insekten ein Magnet und als Zierde im Blumenstrauß sehen sie hübsch aus.

SALAT
übers ganze Jahr

Abnehmender Mond

Besonders große Salatköpfe bekomme ich, wenn ich bei abnehmendem Mond setze. Außerdem bauen wir ein „Schattendach" aus Holzlatten, wodurch etwa 50 % Sonne und 50 % Schatten erzeugt wird. Die so geschützten Salatköpfe werden besonders schön.

Zita Wandratsch

Bei vielen Gemüsearten steuert das Licht das Wachstum. Daher immer auf die Sorte achten – Sommersalat wächst auch im Sommer gut, Frühsalate aber würden im Sommer rasch auswachsen.

Auf Wasserzeichen achten

Es gibt dann schönen Salat, wenn man beim Pflanzen auf ein Wasserzeichen achtet: Fisch, Skorpion oder Krebs – so wächst der Salat gut an und bildet einen schönen Kopf.

Margit Mayer

Pflanzen nach dem Mondkalender zu setzen, hat große Auswirkungen. Mein Vorbild ist Maria Thun, sie hat in zahlreichen Versuchen, die auch wissenschaftlich begleitet wurden, bewiesen, dass der Mond einen Einfluss hat.

TOP TIPP

Wärme für frühen Salat

Im zeitigen Frühjahr wird bei uns im Mistbeet Salat gepflanzt. Damit die Kälte den Pflänzchen nichts anhaben kann, stelle ich kleine Öllichter in die Erde – nicht zu knapp unters Glas, damit es nicht springt – und lege zum Schutz noch in der Nacht eine alte Steppdecke auf. Tagsüber bei Sonne lüften!

Christl Singer

Besonders gut geht das mit den 24-Stunden-Brennern, die man für Grablaternen verwendet.

Papier als Sonnenschutz

Kopfsalat wird bei uns bei großer Hitze im Sommer tagsüber mit Backpapier oder aufgeschnittenen Papiersäcken abgedeckt. Die Pflanzen werden dann nicht welk und beginnen nicht zu „schießen"; außerdem kann man so auch bei großer Hitze problemlos Jungpflanzen nachsetzen.

Maria Neuhold

Normales Vlies ist dafür übrigens nicht geeignet – es führt zu einem Hitzestau. Sonnenschutz bietet aber ein Insektenschutznetz.

Salat im „Unkrautbeet"

Wenn ich Jungpflanzen, zum Beispiel von Salat, auspflanze, sind sie oft noch sehr klein und nach kurzer Zeit von Unkraut überwuchert. Man erkennt dann manchmal nicht mehr so gut, was Jungpflanze ist und was

Frischen Kopfsalat zu ernten und gleich zu verarbeiten, ist ein besonderes Vergnügen!

(Foto: shutterstock/Alexander Raths)

Unkraut. Deshalb gehe ich sehr gerne wie folgt vor:

Ich reiße vor dem Auspflanzen alles Unkraut aus und lege es auf einen Haufen. Dann setze ich die Jungpflanzen ein und lege um jede Jungpflanze herum das ausgerissene Unkraut. Das hat viele Vorteile: Die Erde trocknet nicht so schnell aus und das neue Unkraut wächst durch die Bodenbedeckung nicht so schnell nach.

Maria Kostner

Was hier praktiziert wird, ist Teil der Permakultur – ganz optimal, man muss nur in schneckenreichen Gärten ein wenig genauer beobachten, ob sich Tierchen unter dem Unkraut verstecken.

Salat zu Weihnachten

Mein Tipp richtet sich an alle Gewächshausbesitzer: Im Herbst bzw. nach dem Abernten von Tomaten und Paprika im Glashaus Rukola und Feldsalat aussäen. So hat man bis Weihnachten und bei günstiger Witterung bis in den Januar hinein eine köstliche Beilage aus eigener Produktion.

Veronika Huber

Bei dieser Blattgemüsemischung sollte auch Spinat und Winterportulak nicht fehlen – beide wachsen ebenfalls bis in den Winter hinein und können schon im zeitigen Frühjahr geerntet werden.

Maikönigsalat ohne Ende

Ich lasse immer zwei Häuptel vom Maikönig stehen, sie dürfen blühen, und dann säe ich die Samen im September ins Mistbeet. Die Samen gehen auf und erfreuen mich nach einem schneereichen Winter. Sind sehr viele Pflänzchen aufgegangen, esse ich meine Maikönige als Pflücksalat (März–April).

Barbara Seebacher

Besser geht es nicht! Der Salat im Mai ist auch der köstlichste.

Salat im Erdsack

Salat oder auch anderes Gemüse kann man direkt in den Erdsack einpflanzen. Einfach sechs bis neun Löcher in einen flach liegenden Gartenerdesack schneiden und nun die Pflänzchen hineintun. Unten unbedingt Abflusslöcher hineinstechen.

Evelin Singer

So sah einst mein schnelles Gemüsebeet am Balkon aus. Wichtig dabei: Immer Bioerde verwenden, dann sind die frischen Vitamine noch gesünder.

Wer nicht den ganzen Kopf des Salats erntet, kann auf viele frische Blättchen hoffen.

Kopfsalat wächst nach

Schneidet man den ersten Kopfsalat so heraus, dass die (untersten) Außenblätter an der Wurzel stehen bleiben, treiben aus ihren Blattachseln viele frische Blättchen, die wie Pflücksalat geerntet werden und wie Kopfsalat schmecken.

Sabine Jetschgo

So ein ewiger Salat funktioniert wirklich gut – wie bei den Pflücksalaten.

Dekorativer Salatturm

Ich pflanze meinen Salat horizontal. Dabei gehe ich folgendermaßen vor: In ein Plastikrohr (Abflussrohr mit etwa 20 cm Durchmesser) bohre ich einige Löcher im Durchmesser von 5 cm, stelle den „Pflanzturm" in einen großen Topf und befülle ihn mit guter Pflanzerde. Mit Salat oder Kräutern bepflanzt bietet das Rohr viel Pflanzfläche auf kleinstem Raum, und im Übrigen sieht es hübsch aus.

Barbara Dorner

Hübsch ist auch eine solche horizontale Bepflanzung mit kleinen Walderdbeeren – eine köstliche und dekorative Alternative zum Salat.

Weniger Nitrat

Am besten schmeckt der Salat, wenn man ihn kurz vor dem Mittagessen aus dem Garten holt. Dann hat er kaum Nitrate, die meisten Vitamine und schmeckt herrlich.

Elisabeth Schützner

Ja, das Sonnenlicht baut Nitrat ab – daher ist die Ernte um die Mittagszeit immer die beste – auch bei Feldsalat, Spinat oder Mangold.

Schutz vor Erdflöhen

Bei einem Beet, bepflanzt mit Rukola (auch Rauke genannt), bemerkte ich zahlreiche Blätter, die von Erdflöhen durchlöchert waren. Im zweiten Beet, in dem eine Menge Dill aufgegangen war, gab es keine Probleme – ich denke, dass der Duft des Dills den des Rukolas überlagert hatte und die Flöhe nicht zuschlagen konnten.

Luise Brugger

Ganz wichtig bei Erdflöhen ist das Mulchen – Flöhe lieben trockene Böden, ist die Erde konstant feucht, treten sie nicht so stark auf. Gleiches gilt für Wurzelläuse.

Rukola zählt zu den etwas schärferen Pflücksalaten und wächst völlig anspruchslos.

Ewiger Feldsalat

Feld- oder Vogerlsalat wird bei uns nie neu ausgesät. Wir können auch im nächsten Jahr wieder ernten, weil wir einige Pflanzen stehen lassen und auf Samenstände warten, die sich von selbst wieder aussäen.

Leopoldine Prandstötter

Rukola ist auch so ein ewiges Gemüse. Lässt man ihn blühen, dann sät er sich aus und taucht im kommenden Jahr selbst in Pflasterritzen auf.

Bohnen sind Hülsenfrüchte, sie wachsen rasch und genügsam.

(Foto: shutterstock/Catalin Petolea)

Schlingende BOHNEN und ERBSEN

Sonnenblumen und Bohnen

Meine Oma pflanzte stets im zeitigen Frühjahr an verschiedenen Stellen im Garten Sonnenblumen und im Mai legte sie daneben Bohnen ein. Diese konnten dann an den Sonnenblumen hinaufwachsen.

Karin Burger

Ein wenig muss man den Sonnenblumen aber Vorsprung geben!

Mais als Stütze

Zu den Samen von Stangenbohnen gebe ich ein paar Maiskörner. Die Bohnen klettern am Mais hoch, dadurch erspart man sich die Bohnenstangen.

Antonia Engelhart

Ich würde den Mais zwei bis drei Wochen vor den Bohnen säen und gut düngen – Mais ist ein Nährstofffresser!

Bohnen anhäufeln

Sobald die Stangenbohnen anfangen zu schlingen (ich nehme die Sorte 'Blauhilde'), häufle ich etwas an, und sobald sie anfangen zu blühen, gebe ich grob zerteilte Brennnesseln als

Mulch auf die Erde. Beim Legen der Bohnen kommen Hornspäne in die Erde, und in der Wachstumsphase dünge ich öfter mit Brennnesseljauche und halte die Pflanzen gut feucht.

Gertrud Hartmann

Ich ziehe Bohnen immer in kleinen Töpfchen vor, dann gibt es keine Probleme mit Schnecken.

Ernte ohne Kreuzschmerzen

Seit einigen Jahren pflanze ich nur noch Stangenbohnen, weil ich dadurch beim Pflücken keine Kreuzschmerzen mehr bekomme.

Adolf Pechhacker

Ein weiterer Vorteil von Stangenbohnen – sie benötigen weniger Platz.

Erbsen wie Bohnen schlingen wunderbar auch an Ästen aus Schnittgut empor, solche Rankstützen sehen sehr natürlich aus.

(Foto: shutterstock/Alis Photo)

Rückschnitt von Buschbohnen

Um mehr Ertrag bei den Bohnen (Fisolen) zu erzielen, schneide ich die Pflanzen nach der ersten Ernte auf 15–20 cm Höhe zurück. Sie beginnen wieder neu zu blühen und ich kann im Herbst nochmals ernten.

Heidi Radler

Gute Idee – das werde ich ausprobieren!

Erbsengitter leicht gemacht

Damit die Erbsen schön in die Höhe wachsen und praktisch zu ernten sind, verwende ich Estrichgitter, die ich an 12er-Betoneisen befestige.

Aloisia Kaiser

Bei mir dient ein alter niedriger Gartenzaun, der als Rankgitter in die Erde gesteckt wird.

Wurzeln als Dünger

Bei Bohnen schneide ich nur das Kraut ab und belasse die Wurzeln über den Winter im Boden. Der Stickstoff, den die Bohnen in Symbiose mit Knöllchenbakterien sammeln, bleibt so im Boden.

Franz Hackl

Gleiches gilt für Erbsen oder im Ziergarten bei Wicken. Alle sind sie sogenannte Leguminosen (Hülsenfrüchtler), also Pflanzen, die den Luftstickstoff sammeln und über Wurzelbakterien an die Erde abgeben.

Ob als Lagergemüse oder frisch verzehrt – Erbsen gehören in Garten und Küche!

TOP TIPP

Zauberhaftes Bohnenzelt

Das Weidenzelt in unserem Garten wird mit roten und grünen Bohnen, Erbsen, Fisolen, kleinen Sonnenblumen und Kapuzinerkresse umpflanzt. Zuerst blühen besonders attraktiv die Bohnen und Blumen in allen Farben, und später gibt es viel zu ernten.

Das Zelt schaut wunderschön dicht aus und den Kindern gefällt es sehr gut.

Heidi Sommersberger

Besonders köstlich sind als Naschgemüse Zuckererbsen – ein Leckerbissen für die kleinen Zeltbewohner.

TIPPS VOM BIOGÄRTNER

Zuckersüße Erbsen

Naschecken sollte es auch im Gemüsegarten geben. Ein ganz köstliches Gemüse ist die Zuckererbse. Sie wird etwa Ende April ausgesät. An kleinen Drahtgittern oder an trockenem Strauchschnitt rankt sie dann bis zu einem Meter hoch. Die kleinen frischen Schoten kann man im Vorbeigehen naschen. Köstlich schmecken sie aber auch kurz gedünstet als Beilage. Wichtig ist das regelmäßige Auspflücken, dann gibt es viele Blüten und neue Zuckererbsenschoten. Wer die Pflanzen anhäufelt, wenn sie etwa 10–15 cm gewachsen sind, bekommt noch mehr Erfolg.

(Foto: shutterstock/yuris)

Durch Anhäufeln werden die Schäfte von Porree gebleicht.

Zarter **LAUCH** und würzige **ZWIEBELN**

Lauch wächst nach

Porree oder Lauch wird bei uns nicht ausgerissen, sondern nur abgeschnitten. Und zwar knapp über dem Boden. Dann treibt er noch einmal durch und man kann ihn ein zweites Mal ernten.

Nicole Koller

Lauch kann auch den ganzen Winter im Beet stehen bleiben, und bei frostfreiem Wetter lässt er sich immer wieder ernten.

Anhäufeln bleicht Schäfte

Bevor ich Lauchpflanzen setze, grabe ich eine Vertiefung aus, in die ich die Pflanze hineinsetze. Die Erde, die ich ausgrabe, liegt wie ein Wall neben den tiefen Rillen. Diese Erde nehme ich zum Anhäufeln der Pflanzen, dadurch bekommen sie einen langen weißen Schaft. Ich setze meine Salatpflanzen zwischen die Porreepflanzen (oder auch neben Kürbis und Zucchini). Der Salat wird geerntet und die anderen Pflanzen können sich gut entfalten. Somit ist das Beet optimal genutzt.

Martina Manzenreiter

Eine perfekte Zwischensaat ist übrigens auch die ganz normale Garten- oder Küchenkresse. Sie bedeckt rasch die Erde und kann, falls nicht alles benötigt wird, als Mulchmaterial liegen bleiben.

Kluger Flaschentrick

Um bei meinen Porreepflanzen einen langen weißen Schaft zu erhalten, schneide ich Plastikwasserflaschen oben und unten ab, setze das Pflänzchen in die Erde und stülpe die Flasche darüber. Nach und nach fülle ich dann Erde ein, die Pflanzen bleiben dadurch schön gerade und der Schaft wird herrlich weiß.

Renate Hinterleitner

In England werden die Schäfte einige Wochen vor der Ernte mit Wachspapier eingepackt. Auch diese sehr

aufwändige Maßnahme macht den Porree schön weiß und besonders zart.

TOP TIPP

Knoblauch: Pflege

Mein Winterknoblauch treibt im Juni einen Blütenstängel mit Brutzwiebeln, den ich sofort wegschneide. Dann werden die Knollen in der Erde doppelt so groß.

Regina Kozmata

Achtung! Nur heimischen Knoblauch setzen! Chinesischer Knoblauch, der im Supermarkt oft angeboten wird, ist nicht so gut winterhart.

Knoblauch lässt sich wie Zwiebeln gut lagern.

(Foto: shutterstock/Denis and Yulia Pogostins)

[Foto: shutterstock/Kathara_koj]

Frischer Knoblauch ist besonders würzig.

Am 15. Oktober Knoblauch setzen

Stupfen Sie Knoblauchzehen am 15. Oktober und Sie bekommen eine reiche Ernte.

Maria Rack

Am Josefitag, das ist der 19. März, Zwiebeln zu stecken, war bei uns Tradition.

Geisterzwiebel

Steckzwiebeln, die nach dem Stecken wie von Geisterhand wieder oben liegen, wurden von Regenwürmern ausgegraben. Das lässt sich verhindern, indem man trockene Zwiebelschalen in die Erde einarbeitet.

Christine Haslinger

... oder das Beet gleich nach dem Zwiebelstecken mit Rasenmulch bestreut.

Die eigene Zwiebelernte ist die beste, denn sie ist garantiert biologisch gezogen.

[Foto: shutterstock/Chamille White]

TIPPS VOM BIOGÄRTNER

Die Großen bleiben klein

Es gibt ein Phänomen bei den Steckzwiebeln. Die ganz großen Exemplare, die im Saatgutsäckchen zu finden sind, bringen meist nur ganz kleine Zwiebeln oder beginnen gleich zu blühen. Ein weiterer Grund für das Blühen kann aber auch noch eine falsche Lagerung sein: Lässt man Steckzwiebeln nach dem Kauf im Spätwinter zu lange in der Kälte liegen, ist das für die Pflanze das Zeichen: „Das war der Winter." Und nach dem Winter beginnt diese Pflanze eben zu blühen. Daher sollte man Folgendes beachten: Kleine Steckzwiebeln warm lagern, dann entwickeln sich daraus große Zwiebeln.

[Foto: Shutterstock/Mikus Joj]

Kartoffeln gedeihen in jedem Beet, aber auch in Töpfen und anderen Gefäßen.

mus und Saatkartoffeln hinein. Wenn diese sichtbar angetrieben haben, kommt die zweite, dann die dritte, und so fort, Lage darauf, bis der Turm gefüllt ist. Gut bewässern, dann wird in drei bis vier Monaten die erste Ernte reifen. Beim Saatgut auf biologische Kartoffeln zurückgreifen; andere sind behandelt, damit sie lange haltbar bleiben, und treiben nicht aus.

Franz Raschl

Als Idee dazu: Die Erdäpfel beim Gitter seitlich heraus- wachsen lassen, dann kann man auf kleinstem Raum noch mehr setzen.

Erdäpfelpflanzen immer gut anhäufeln!

Reiche
KARTOFFEL-
ERNTE

Ein gutes Paar

Ich setze Kartoffeln in Reihen und häufle sie an. Oben auf den Reihen säe ich dann Radieschen. Die wachsen wunderbar und schmecken köstlich. Die Ernte ist längst abgeschlossen, wenn die Kartoffeln austreiben.

Maria Brei

Kümmel soll den Geschmack der Erdäpfel verbessern – als Zwischensaat dünn dazwischen ausstreuen.

Schnelle Rasen-Erdäpfel

Die Saatkartoffeln werden auf die Rasenfläche gelegt, darüber kommt eine dicke Schicht Heu und zuletzt wird alles gut angegossen. Sollte das Heu zu schnell zusammensacken, noch etwas Heu darübergeben und wieder gießen. Ist das Kartoffelkraut gelb, wird der Heuteppich abgerollt und darunter liegen die frischen Kartoffeln.

Andrea Weisnar

Bei nassem, schwerem Boden funktioniert diese Methode auch mit verrottetem Kompost.

Erdäpfel im Gitterturm

Ein kleinmaschiges Gitter wird zu einer Rolle gedreht und mit Stäben befestigt. Dann kommen Erde und Hu-

(Foto: shutterstock/ DAVYDOVA SVETLANA)

Reichlich Kartoffeln zu ernten, ist ein gutes Gefühl!

TOP
TIPP

Schutz gegen Wühlmäuse

Kartoffeln im Garten mit ungewaschener Schafwolle umwickeln, das hält garantiert Wühlmäuse fern und gibt noch zusätzlich einen guten Dünger ab.

Monika Öller

Ähnliche Wirkung haben Haare (von Hunden, Menschen) – auch sie vertreiben die wühlenden Mäuse.

Grünfutter

Den ersten Grasschnitt streue ich dick in die offenen Pflanzgräben, trete ihn leicht fest, lege die Kartoffeln im Abstand von 30 cm ein und schütte die Gräben mit Erde wieder zu. Ist das Kraut 15 cm gewachsen, wird angehäufelt. Die Kartoffeln wachsen hervorragend und schmecken traumhaft.

Sieglinde Krätschmer

Das klingt ungewöhnlich, aber ich kann dem Tipp etwas abgewinnen. Beim Verrotten des Rasenschnitts entsteht Wärme, und die kommt den Kartoffeln zugute.

TIPPS VOM BIOGÄRTNER

Ernte im Kartoffeltopf

In einem großen Topf werden drei bis fünf Saatkartoffeln (der Keim sollte jeweils schon 2 cm hoch sein) auf ein wenig Erde gelegt und etwas mit Erde bedeckt. Nun wartet man, bis die Pflanze wächst, und schüttet mit Erde auf, bis nur noch ein Stückchen vom letzten Blatt herausschaut. Jetzt wartet man wieder, bis die Pflanze ein wenig gewachsen ist, und wiederholt den Vorgang, bis die Erde am Topfrand anlangt. Wichtig! Möglichst sandige, durchlässige Erde verwenden und immer wieder mit Urgesteinsmehl stäuben, dann gibt es kaum Probleme mit Kraut- und Braunfäule. Mit dieser Methode erhält man auf wenig Platz viele Kartoffeln!

Mit einem Glashaus endet das Garten-jahr nie – hier wird den ganzen Winter über gegärtnert.

Blick ins
GLASHAUS

Der Steinspeicher

Ohne Glashaus wäre es in der Höhen-lage, in der wir wohnen, nicht möglich, wärmeliebendes Gemüse anzubauen. Was dabei noch für die Pflanzen wich-tig ist: eine dunkle Wand aus Steinen. Sie speichert die Wärme und die Ern-te beginnt viel früher.

Elisabeth Peherstorfer

Schwarze Kunststoffbehälter gefüllt mit Wasser sind auch hervorragende „Heizkörper" in der Übergangszeit.

Glashaus-Kachelofen

Ich setze empfindliche Pflanzen auch im Glashaus zu Steinen, die wie klei-ne Kachelöfen wirken. Tagsüber spei-chern die Steine die Wärme, in der Nacht geben sie diese ab.

Monika Tischler

Diese Methode ist Teil der Permakultur und man kann sie im ganzen Garten praktizieren, zum Beispiel auch bei Weinstö-cken. Am besten ganz dunkle Steine verwenden – die spei-chern die Wärme am besten.

Kerze als Heizung

Kerzen, die ich in Tondränagerohre stelle und in der Nacht anzünde, ver-hindern Frostschäden im Glashaus.

Christian Gierlinger

Vor allem die Teelichter geben sehr viel Hitze ab, brennen aber oft nur kurz. Öllichter (wie für das Grab) sind auch gute Wärmespender.

Grill als Glashausheizung

Blumen und Gemüse stehen bei mir im unbeheizten Glashaus (Größe ca. 240 x 150 cm). Bei einem Kälteein-bruch platziere ich unseren kleinen Kugelgrill im Gewächshaus und stellte mehrere Kerzen darauf. Da-durch schaffe ich es, die Temperatur bei 2 bis 4 °C zu halten.

Hilde Pricolt

Grandiose Idee, denn damit ist die Brandgefahr gering. Je nach Frost kann man mit mehr oder weniger Teelich-tern oder Kerzen die Tempe-ratur regulieren.

Nützlinge fördern

Sobald wir die ersten Marienkäfer erblicken, werden sie ins Glas-haus getragen. Sie verspeisen ge-nüsslich die Läuse.

Unsere Dillpflanzen stehen auch schon in voller Blüte und ziehen die Schlupfwespen an.

Elisabeth Peherstorfer

... und auf den Obstbäumen hängen die Ohrwurmhäus-chen – das ist Biopflan-zenschutz!

Marienkäfer helfen auch im Glashaus im Kampf gegen Blattläuse.

[Foto: shutterstock/Denis Tabler]

53

Schon GEHÖRT?

Hochbeet aus Hohlblocksteinen

Ich habe aus Hohlblocksteinen mein Hochbeet gebaut. Es ist eine kostengünstige Variante und hat viele Vorteile. Erstens ist es in Höhe und Größe je nach Wunsch variabel, zweitens kann man die Steine zusätzlich noch mit Kräutern etc. bepflanzen und hat somit auch noch diesen Teil des Hochbeets genutzt. Und drittens lässt es sich außen wunderschön bemalen und ist somit ein richtiger Blickfang im Garten!

Andrea Stumpfer

... und haltbar ist es außerdem noch. Passt der Platz einmal nicht mehr, werden die Steine ganz einfach umgeschichtet.

Brokkoli so schneiden, dass noch ein Stück des Stängels stehen bleibt und sich seitlich kleine Röschen bilden können.

(Foto: shutterstock/Denis and Yulia Pogostins)

TOP TIPP

Sandkiste wird Hochbeet

Eine Sandkiste aus Holz wurde bei mir zum Minihochbeet. Am Boden legte ich ein Hasenstallgitter, damit die Schädlinge von unten nicht durchkriechen konnten, befüllte das Ganze mit Erde und setzte dann viele Kräuter (Schnittlauch, Petersilie, Majoran, u.a.) Erdbeeren, Paprika und Pflücksalat. Als Schattenspender wachsen seitlich drei Himbeersträucher.

Martina Kindig

Gerade in Gärten mit feuchten, schweren Böden sind solche Beetbegrenzungen ideal, denn dann reichen die Pflanzenwurzeln nicht in die nasse Erde.

Nachwachsender Brokkoli

Bei der Brokkoliernte nur die Rose vorsichtig herausschneiden und die Pflanze weiter pflegen. Sehr rasch bilden sich seitlich wieder kleinere Röschen.

Anna Hackl

Brennnesseljauche als Düngerguss fördert das Wachstum, auch für eine Gabe Kompost sind die Pflanzen dankbar.

Fenchel treibt ein zweites Mal

Schneidet man bei der Ernte den Fenchel oberhalb der Wurzel ab, treibt er wieder aus – man erntet somit ein weiteres Mal.

Nicole Reiffinger-Wiesner

Ein Leben wie im Paradies, da wächst das Gemüse fast in die Küche.

Kraut wächst nach

Wenn ich im Sommer das Frühkraut ernte, schneide ich die Köpfe so ab, dass noch der Stängel mit der unteren Blattreihe stehen bleibt. Dort bilden sich dann vier bis sechs Triebe, die sich bis in den Herbst zu kleinen festen Krautköpfen auswachsen.

Aloisia Engleder

Und noch ein Tipp: Gleich ein Gemüseschutznetz gegen den Kohlweißling darübergeben.

Geschützte Saat

Damit Karotten gut keimen: Nach der Aussaat mit Gartenvlies oder einer Plane abdecken und immer gut feucht halten. Wenn man später sieht, dass die auflaufende Saat leicht grün wird, Vlies oder Plane wieder entfernen.

Johanna Winter

Daher ist auch das Mulchen über die Aussaatreihe kein Problem. Die kleinen Pflänzchen treiben durch den Rasenschnitt und zeigen viel Vitalität wegen der gleichmäßigen Feuchtigkeit.

Behutsam geernteter Fenchel treibt ein zweites Mal.

Am 8. Juni Karotten säen

Ein Gartentipp von meiner Mama, der immer funktioniert: Karotten am 8. Juni aussäen, dann gedeihen sie hundertprozentig.

Margit Schwab

Die Ersten werden die Letzten sein. Gilt nicht nur bei den Karotten, sondern ganz besonders auch bei den Bohnen.

Sellerie salzen

Wenn man ihn im Juni mit ein wenig Salz versorgt, wächst Sellerie besonders gut.

Anna Hackl

Die ursprüngliche Meeresuferpflanze mag auch schon beim Setzen eine Prise Salz.

Rhabarberblüten

Nicht nur Rhabarberstangen lassen sich verkochen, sondern auch die di-

cken geschlossenen Blütenknospen. Gedünstet wie Brokkoli kann man sie als Beilage servieren – süß oder sauer.

Mathilde Leitner

Blüten gibt es beim Rhabarber immer nur dann, wenn die Pflanze zu alt geworden ist, zu wenige Nährstoffe verfügbar sind oder der Boden zu trocken ist.

Frisch und humusreich sollte der Standort für das köstliche Kompottgewächs sein. Nach dem 20. Juni wegen des hohen Oxalsäuregehalts nicht mehr beernten.

Hilfreiche Mischkultur

Man kann Kohlpflanzen vor dem Kohlweißling schützen, indem man zwischen die Reihen Dill, Tomaten oder Tagetes und andere stark riechende Pflanzen setzt.

Johann Rotter

Und noch sicherer ist man, wenn das Kohlbeet auch noch mit einem Insektenschutznetz abgedeckt wurde. Aufpassen: Das Netz darf nicht auf den Pflanzen direkt liegen, sonst legt der Schmetterling durch das Gitter seine Eier ab.

Alle Jahre wieder

Mein Favorit im Garten ist der sogenannte „Ewige Gartenkohl". Er kommt jedes Jahr wieder und man kann ihn vom Frühling bis zu den Frösten ernten. Genauso bequem ist Grünspargel. Auch er kommt verlässlich jedes Jahr, sogar immer üppiger. Die stehen gebliebenen Stängel dienen gleich als Rankhilfe für Erbsen.

Dagmar Dobrowsky

Wer Kohl mag, ist bei dieser Pflanze (Sortenbezeichnung im Handel „Ewiger Kohl") wirklich gut aufgehoben – sie wird ein riesiger Busch und wächst zuverlässig Jahr für Jahr. Den Stock ab und zu teilen und damit vermehren.

Absperrband gegen Rehe

Bei uns auf dem Land gibt es keinen Zaun beim Gemüsegarten. Kraut, Rote Rüben, Karotten, Zwiebeln und Salat sind für Rehe und Hasen aber eine Delikatesse. Mein Tipp: Ich lasse am Rand ca. 30 cm hoch das Gras stehen, hänge Windspiele auf und umzäune es mit Absperrband, das im Wind flattert. Fast alle Tiere machen kehrt.

Maria Hackl

Auch CD und DVD sind ganz gut geeignet. Wichtig ist der Schutz aber auch in der Nacht – da helfen neuerdings LED-Solarleuchten, in deren Umkreis man die CD aufhängt.

OBST
in Hülle
und Fülle

Knackige Äpfel, Birnen so zart, dass sie einem fast im Mund zergehen, Zwetschen und Kirschen nicht nur aus Nachbars Garten und die ganze Fülle an Beeren: Erdbeeren, süß wie im Paradies, Himbeeren bis zum Frost und Heidelbeeren in Hülle und Fülle! Das ist der Traum jedes Gartenliebhabers. Selbst wenn kein Eck für einen Nutzgarten vorgesehen wurde, die Naschecke darf nicht fehlen. Sie ist für Erwachsene, aber insbesondere für Kinder die „Einstiegsdroge" zum Garteln. Denn wie heißt es so schön: Liebe geht durch den Magen – das ist ganz sicher auch beim Garten so.

Augenschmaus und **GAUMENFREUDE**

Wenn ich an Beeren denke, dann stehen ganz oben auf der Beliebtheitsliste die köstlichen Erdbeeren. Im Juni beginnt ihre Ernte, dann ist Naschzeit im Garten. Nicht nur im Erdbeerbeet sollten sie wachsen, sondern an allen nur möglichen Stellen – auf den Baumscheiben der Obstbäume, unter den Johannisbeeren oder in Ampeln als süße Hängefrüchte. Genauso köstlich ist die Zeit im Garten, wenn die Marillen, die Aprikosen, reif werden. So frisch und saftig bekommt man sie niemals im Geschäft. Und die Liste ließe sich noch lange fortsetzen, denn Kirschen, Zwetschken oder auch Äpfel und Birnen sind als Säulenbäume auch in kleinen Gärten eine großartige Bereicherung. Zumindest aber die Beeren wie Himbeeren, Brombeeren oder auch Heidelbeeren dürfen in keinem Garten fehlen.

Erdbeeren zählen zum süßen Höhepunkt der Beerenernte und sind das beliebteste Naschobst.

[Foto: shutterstock/yuris]

TIPPS VOM BIOGÄRTNER

Auf den Standort achten

Das Wichtigste bei allen Beeren- und Obstgehölzen ist die richtige Standortwahl. Drei Schritte für eine erfolgreiche Ernte:

1. Sonne bringt Erfolg. Je sonniger die Pflanzstelle ist, desto besser werden die Obstgehölze gedeihen.

2. Boden vorbereiten. Vor allem Beeren lieben humose Böden, also mit viel Kompost und Mulch. Heidelbeeren brauchen unbedingt eine saure Erde – also kalkfrei. Immer organisch düngen.

3. Richtig schneiden. Viele Obstgehölze werden völlig falsch geschnitten und es gibt daher keine Ernte. Wer unsicher ist – Fachleute befragen.

(Foto: shutterstock/Christian Jung)

Wer seine Obstbäume richtig plant und pflegt, wird reich belohnt.

Auf der Erde gepflanzt

Der Boden in unserem Garten ist extrem lehmig und daher auch staunass. Trotz ständiger Kompostgaben wuchsen die Obstgehölze ganz schlecht. Wir befolgten dann den Tipp eines Gärtners, die Bäume einfach auf den Boden aufzustellen und rundherum großzügig anzuhäufeln. Der Erfolg war sofort zu sehen – unsere Bäume wuchsen wie verrückt. Allerdings muss man im Sommer anfangs gut gießen.

Karin Szlotky

Ganz wichtig ist bei so einer Pflanzung die Befestigung des Baumes an zwei oder besser drei Baumpfählen. Nur wenn er derart festgespannt ist, können die Wurzeln bei starkem Wind nicht reißen.

OBSTBÄUME
pflanzen

Weizen lässt Bäume wachsen

Um das Anwachsen von Obstbäumen zu unterstützen, gibt man in das Pflanzloch eine kleine Schaufel voll keimfähiger Weizensamen. Unter dem Wurzelballen beginnen die Körner bald zu keimen, denn sie sind Dunkelkeimer und setzen dabei zahlreiche Vitamine frei, ähnlich dem Sprossenkeimen in der Küche. Außerdem erzeugen sie Wärme und produzieren Wuchsstoffe, die das Wachstum fördern. Weil die Keime ohne Licht und Sauerstoff nicht weiterwachsen können, verrotten sie rasch und liefern dabei nochmals Wärme und Nährstoffe.

Daniela Reich

Weizen nimmt man auch beim Ablegerziehen. Einen Ast schräg einschneiden, sodass er noch mit der Mutterpflanze verbunden ist, dann ein Weizenkorn in die Schnittstelle einklemmen und unter die Erde biegen. Feucht halten, und nach wenigen Wochen kann der Ableger mit vielen neuen Wurzeln abgeschnitten werden.

(Foto: shutterstock/Ortodox)

Die Art und Weise, wie Obstbäume gepflanzt werden, trägt wesentlich zum Erfolg bei.

Kein Rosengewächs am selben Platz

Oft werden alte Obstbäume wieder durch die gleiche Art ersetzt. Das funktioniert aber nicht. Apfelbäume sind Rosengewächse und daher selbstunverträglich. Aber man kann Steinobst (also Kirschen oder Zwetschken) setzen. Die Wartezeit, bis man wieder einen Apfelbaum an dieselbe Stelle pflanzen kann, beträgt sieben bis zehn Jahre!

Paul Svoboda

Was bei den Rosen fast selbstverständlich ist, das gilt genauso bei Obstbäumen, die ebenso der Familie der Rosengewächse angehören. Generelle Regel: Steinobst nach Kernobst und umgekehrt.

Zu tief gepflanzt

Mangels Wissen habe ich vor vielen Jahren meine Obstbäume viel zu tief gepflanzt – die Veredelungsstelle lag gut 10 cm unter der Erde. Die Bäume wuchsen kaum und brachten keine Früchte. Ein Experte eines Obst- und Gartenbauvereins löste das Problem. Alle Wurzeln oberhalb der Veredelung wurden entfernt, die Erde abgesenkt und seither wächst der Baum ganz fantastisch.

Erich Schmiedinger

Ein Baum wächst sich „frei", nennt das der Experte. Neben der ursprünglichen Wurzel bildet er einen zweiten Wurzelstock. Dadurch kommt es zu einem unkontrollierten Saftstrom und der Baum kümmert. Daher sollte die Veredelung eine Handbreit über die Erde. Ganz anders bei den Rosen: Da muss die Veredelung immer unter die Erde!

Obstbaumschutz mit Flaschen

Vor zehn Jahren haben wir Obstbäume angepflanzt. Als Schutz vor Wühlmausfraß habe ich im Herbst neben den Stämmen in die Südseite leere Flaschen zur Hälfte eingegraben. Der Wind streicht darüber, die Mäuse mögen das leichte Pfeifen nicht und meiden den Standort. Kein einziger Baum wurde Opfer der Mäuse.

Maria Straßmair

Eine Zeit lang funktionierte das auch bei mir, aber nach einigen Jahren hatten sich die Wühlmäuse offensichtlich daran gewöhnt und alle meine Tulpen gefressen!

Grasschnitt unter Bäumen

Ich mähe den Rasen unter den Bäumen ohne Grassack, das geschnittene Gras ist ein guter Mulch für die Bäume. Seit ich das mache, wachsen die Bäume viel besser.

Erna Plainer

Noch besser ist es, wenn man eine Baumscheibe anlegt und dort Kompost und Rasenschnitt ausbringt.

Gießrohr für tiefe Wurzeln

Wir stecken neben einer Obstbaumpflanzung ein Rohr senkrecht in den Boden, das einen Mindestdurchmesser von 4 cm hat. Die Öffnung des Rohrs ragt gerade über die Erdoberfläche heraus. Bei Trockenheit gießen wir das Wasser in das Rohr hinein, damit die Wurzeln angeregt werden, nach unten zu wachsen, wo sie immer mit genügend Feuchtigkeit versorgt werden.

Sabrina Schwarzenbacher

Am besten ist es, wenn man ein sogenanntes Dränagerohr gleich bei der Pflanzung mit eingräbt. Da hinein zu gießen und auch zu düngen, wirkt enorm.

Viele Obstbäume benötigen fremde Befruchtungspartner.

Obstbaum auf Balkon

Äpfel, Birnen, Pflaumen und andere Obstbäume pflanze ich in großen Töpfen (ca. 80 cm Durchmesser) auch auf meinem Balkon an. Ich fülle sie mit kompostierter Erde auf und gieße regelmäßig.

Johanna Fradinger

Am besten sind die sogenannten Säulenobstbäume, denn sie wachsen nicht nur langsamer, sondern auch viel kompakter.

Zwetschken umpflanzen

Immer wieder ärgerte ich mich über den schlechten Blüten- und Fruchtansatz bei den Zwetschkenbäumen, bis ich einen Tipp eines Bauern befolgte. Die Ausläufer der Hauszwetschken muss man dreimal umpflanzen, dann wachsen sie und bringen Früchte. Gesagt, getan – seither gibt es köstliche Früchte.

Alois Schneidler

„Wilde Zwetschken" brauchen oft einige Jahre bis zum Fruchtansatz und bringen nur kleine Früchte. Das Umpflanzen löst „Stress" beim Baum aus, und dadurch beginnt er verstärkt zu blühen.

Nicht immer bringen Pflaumen den gewünschten Ertrag; sie umzupflanzen kann helfen.

TOP TIPP

Sortenvielfalt am Baum

Wer nicht so viel Platz für verschiedene Obstsorten hat, sollte auf einem Baum zumindest zwei oder mehr Sorten an Früchten veredeln. Am besten selbst probieren.

Petra Gruber

Die sogenannten Familienbäume sind fertig im Handel erhältlich – faszinierend, wie groß die Vielfalt auf nur einem Baum sein kann.

[Foto: shutterstock/Ljupco Smokovski]

Heidelbeeren brauchen einen sauren Boden.

Köstliches
NASCHOBST

Heidelbeeren lieben es sauer

Damit Heidelbeeren jedes Jahr blühen und reich tragen, streue ich im Frühjahr und Herbst einfach eine dünne Schicht Walderde auf. Das ist viel günstiger als Moorbeeterde und erzielt den gleichen Effekt.

Eva-Maria Fussel

Bitte vorweg den Waldbesitzer fragen oder Lauberdekompost aus Nuss- und Eichenlaub herstellen. Nach drei Jahren Kompostieren wirkt dieser wie saure Walderde.

Sägespäne zu Heidelbeeren

Wenn ich Heidelbeersträucher pflanze, mische ich immer Säge- oder Ho-

belspäne in die Rhododendronerde. Das macht den Boden langfristig „sauer", durchlässig, und die Pflanzen wachsen ganz hervorragend.

Monika Feicht

Zum Düngen einen biologischen Rhododendrondünger verwenden – im Frühjahr und gleich nach der Ernte ausbringen.

Heidelbeertrick mit Kaninchenstreu

Zum Abdecken des Bodens verwende ich Kaninchenstreu. Es ist preisgünstig, ausgiebig, handlich und immer erhältlich. Außerdem riecht es nicht und ist durch den Kot der Tiere auch gleichzeitig Dünger.

Gabriele Wagner

Auch noch saubere Katzenstreu (weißes Tongranulat) kann im Garten verwendet werden. Es wirkt wie das (rote) Pflanzen-Tongranulat, ist aber deutlich billiger.

Johannisbeeren ernten

Bei der Johannis- und Stachelbeerernte schneide ich die ältesten Äste mit vielen Früchten daran bodeneben heraus. So kann ich bequem ernten und die Sträucher werden gleichzeitig auch ausgelichtet.

Theresia Tauber

Die einfachsten Tipps sind oft die besten – das wird in Zukunft auch bei uns im Garten gemacht!

TIPPS VOM BIOGÄRTNER

Kartonmethode wirkt

Mit einfachen Mitteln kann hartnäckiges Unkraut unter allen Beerensträuchern unterdrückt werden: Große Zeitungen (keine Hochglanzmagazine) oder Wellpappe am besten nass, dicht und gleichmäßig unter den Sträuchern verteilen. Im Herbst dicht mit Laub bedecken. Das hält außerdem den Boden feucht und mit Nusslaub auch Wühlmäuse fern. Diese Methode wirkt sogar gegen den lästigen Giersch (Erdholler) und die Ackerwinde. An den Rändern die Pflanzen, die herauswachsen, immer ausreißen. Nach einem Jahr sind sie verschwunden.

TOP TIPP

Gezähmte Himbeeren

Wir pflanzen unsere Himbeeren in ein ummauertes und damit begrenztes Beet, damit sie nicht zu viele Ausläufer bilden.

Astrid Dorner

Am Rand des Rasens gepflanzt, erübrigt sich das „Gefängnis" – mit jedem Mal Mähen werden die Ausläufer abgemäht.

Himbeeren vom Rande der Wiese, praktisch und köstlich!

Erdbeeren im Fass

Bevor ein altes Weinfass entsorgt wird, streichen wir es und füllen es mit Erde. Darin werden dann Erdbeeren angepflanzt. Das sieht attraktiv aus und die Früchte liegen nicht in der Erde, sondern hängen sauber über den Rand.

Melanie Zehetner

Als Ampelbepflanzung eignen sich Erdbeeren ebenfalls, hängende Formen sind dabei besonders hübsch.

Frühe Erdbeeren

Werden die Erdbeeren im Winter mit Vlies abgedeckt, können die Beeren bei Kahlfrost nicht hochfrieren. Man kann im kommenden Jahr dann schon früh ernten.

Daniela Ammerstorfer

Beginnt die Blüte, muss das Vlies wieder weg, damit die Insekten befruchten können.

Kiwis richtig pflanzen

An Stellen, an denen es sehr hell ist, aber nicht die volle Sonne einfällt, pflanze ich Kiwis.

Gut ist eine geschützte Hauswand oder ein Spalier im Freien in Nord-Süd-Richtung.

Renate Meixner

Und nicht vergessen: Bei Kiwis braucht man Männchen und Weibchen, sonst erfolgt keine Befruchtung und es können sich keine Früchte bilden.

TIPPS VOM BIOGÄRTNER

Erdbeeren abmähen

Gleich nach der Ernte sollte man die alten Erdbeerblätter entfernen, denn daran haften sehr oft Krankheitserreger, die sich schnell vermehren. Entweder man entfernt die braunen Blätter händisch oder man mäht mit dem Rasenmäher alle Erdbeerblätter ab. Räder ganz hoch stellen und über die Beete fahren, fertig! Mit dem Fangsack hat man die alten Blätter auch gleich gesammelt. Danach alle Beete mit organischem Dünger und Kompost versorgen, denn Erdbeeren legen bereits im Vorjahr ihre Blütenknospen an.

REICHE ERNTE
mit richtiger Pflege

Bewährter Frostschutz

Bei Frost während der Obstbaumblüte kann man die Früchte retten, indem man ein paar Eimer Wasser oder eine alte Badewanne mit Wasser unter die blühenden Bäume stellt. Dieses Wasser speichert wie ein Heizkörper Wärme, die Temperatur der Luftschichten darüber sinkt nicht zu stark ab und die Blüten werden verschont.

Irene Damböck

Besprengen der Bäume mit Wasser ist noch wirkungsvoller, allerdings muss das die ganze Nacht über erfolgen und am Morgen bis zum kompletten Abtauen – also große Mengen an Wasser sind dafür notwendig.

Blüten der Pfirsiche bremsen

Pfirsichbäume mögen es gern sonnig, dann passiert es aber oft, dass sie zu früh zu blühen beginnen und abfrieren. Wir schützen die Bäume deswegen mit einem Leinentuch vor zu viel Sonne, bis die Gefahr der Nachtfröste vorbei ist.

Mario Mittermayr

Sobald die Bäume blühen, muss aber abgedeckt werden, denn sonst können die Bienen nicht bestäuben.

[Foto: shutterstock/Shebeko]

In manchen Jahren müssen die blühenden Obstbäume vor Frost geschützt werden. Eimer mit Wasser füllen und darunterstellen!

Meerrettich (Kren) gegen Kräuselkrankheit

Bei meinem Pfirsichbaum tritt im Frühjahr immer die Kräuselkrankheit auf. Ich stecke dann Meerrettich rund um den Stamm in die Erde. Danach bleibt der Baum beim zweiten Austrieb weitgehend gesund.

Theresia Kohlert

Kren oder Meerrettich ist an sich ein gutes Pilzbekämpfungsmittel. Die Kräuselkrankheit ist aber immer beim zweiten Blattaustrieb deutlich geringer. Daher generell: Bei kleinen Bäumen das gesamte befallene Laub entfernen. Mit der Zeit wird es weniger Probleme mit dieser Krankheit geben.

Wermut gegen Johannisbeerrost

Den lästigen Johannisbeerrost habe ich mit Wermut in den Griff bekommen. Ich setzte das Kraut direkt zu den Sträuchern, seither hab ich keine Probleme mehr.

Wilgard Haller

Wermut ist eine Pflanze, die gern allein steht und keine Nachbarn duldet. Sie wirkt gegen verschiedene Schädlinge, aber auch wachstumsmindernd.

Obstbäume richtig düngen

Rund um alte Obstbäume werden oft Baumscheiben angelegt, die nur einen Meter Durchmesser haben. Das ist viel zu wenig. Ideal, so habe ich festgestellt, wäre eine Baumscheibe, so groß wie die Krone, denn die feinen Wurzeln sind nur im Außenbereich. Dort sollte dann auch der organische Dünger aufgestreut werden. Damit die große Fläche nicht ungenutzt ist, pflanze ich Blumenzwiebeln fürs Frühjahr und Kapuzinerkresse im Sommer.

Elias Franzen

Wer nicht so viel Platz hat, kann noch einen Trick anwenden: Im Kronenbereich etwa 30 bis 50 cm tiefe Löcher alle 40 cm in den Rasen stechen und hier den organischen Dünger einfüllen.

Himbeerrutenkrankheit

Der lästigen Himbeerrutenkrankheit, die auch Brombeeren befallen kann, begegnet man am wirkungsvollsten durch sofortiges bodennahes Abschneiden aller bereits abgetragenen Ranken.

Werner Krexhammer

Garantiert keine Rutenkrankheit gibt es bei Herbsthimbeeren (Sorte 'Autumn Bliss'). Sie blühen und fruchten an den einjährigen Trieben, da kann diese Krankheit nicht auftreten.

Blutlaus bekämpfen

An vielen älteren Obstbäumen findet man an Wunden oder mit Krebs befallenen Stellen Blutläuse. Sie sehen wie Wollläuse aus; wenn man sie zerdrückt, tritt ein roter Saft aus. Kapuzinerkresse auf den Obstbaumscheiben hält diese Schädlinge ab. Noch besser aber ist es, die Lausnester mit gepresstem Pflanzensaft der Kapuzinerkresse zu bepinseln. Da verschwinden die Läuse auch.

Agnes Baltashar

Kapuzinerkresse auf den Obstbaumscheiben ist eine altbewährte Mischkulturform. Sie sieht nicht nur hübsch aus und bewahrt die Bäume vor Blutläusen, die Blüten kann man auch in der Küche verwenden.

Obstbäume „ringeln"

Zu wuchsfreudige Obstbäume hat schon mein Großvater geringelt. Er schnitt allerdings nicht, wie oft zu lesen ist, ein schmales Stück Rinde bei einem stark wachsenden Ast heraus, sondern er drehte im Frühjahr einen ummantelten Draht (einen Elektrodraht) ganz fest um den Ast. Nach einigen Monaten wurde der Draht entfernt und an einer anderen Stelle fixiert. Damit wuchs der Baum weniger stark und begann zu blühen.

Sigmar Tremml

Eine altbewährte Methode, die allerdings Fingerspitzengefühl benötigt. Dreht man den Draht zu fest zu, dann stirbt der Ast ab.

(Foto: shutterstock/Julietphotography)

Kapuzinerkresse auf Baumscheiben gepflanzt vertreibt Schädlinge, bildet prächtige Blüten und dient als Gewürz.

Bremsender Wurzelschnitt

In einem alten Gartenbuch haben wir gelesen, dass das Schneiden der Wurzeln das Wachstum der Bäume bremst. Einige (namenlose) Apfelbäume wucherten derart, dass wir es versuchten. Im Umkreis von 1,5 m zogen wir einen 50 cm tiefen Graben, schnitten alle Wurzeln ab und füllten mit Erde auf. Der Baum wuchs wesentlich weniger stark. In den Jahren danach wiederholten wir die Maßnahme. Guter Nebeneffekt: Er trägt jetzt viel mehr Früchte.

Gideon Mittner

Es gibt sogar spezielle Spaten für diese Maßnahme. Sie sind sehr schmal und reichen bis zu 50 cm in die Tiefe. Allerdings benötigt man sehr viel Kraft. Wer aber früh beginnt, und wenn die Wurzeln noch nicht zu dick sind, kann damit das Wachstum bremsen.

Besserer Fruchtansatz

Wenn einer meiner Obstbäume keine Früchte ansetzt, dann grabe ich in etwa 2 bis 3 m Entfernung des Stammes einen 40 bis 50 cm tiefen, spatenbreiten Graben. Sämtliche Wurzeln, die hier hineinragen, schneide ich ab. Anschließend schütte ich den Graben wieder zu.

Es bilden sich in Folge viele kleine Wurzeln an den Schnittstellen und der Ansatz der Blütenknospen wird gefördert.

Susanne Reitbauer

Und wer einen Obstbaum umpflanzen will, macht es genauso. Der verbleibende Wurzelballen wird dann im Winter mehrmals gewässert. Ist er durchgefroren, kann der Baum mit dem Ballen verpflanzt werden. Aber aufpassen: Im Ausmaß, in dem Wurzeln verloren gehen, muss auch die Krone beschnitten werden.

An frostfreien Tagen im Dezember kann der Kirschbaum geschnitten werden. Knospen, die in der Vase aufblühen sollen, brauchen allerdings zuvor ausreichend Kälte.

[Foto: shutterstock/ bepsyl]

TOP TIPP

Dezemberschnitt bei Kirschen

Seit Jahren schneide ich meine Kirschbäume Anfang Dezember. Die Bäume gedeihen prächtig und die Äste verwende ich sofort zum Vortreiben im Zimmer.

Wilfried Ermler

Wichtig ist beim Baumschnitt, dass es keinen Frost gibt, sonst ist das Holz spröde und reißt ein. Darin könnten sich Krankheitserreger einnisten.

Mein „Besen"-Baum

Viele Jahre bildete ein Roter Boskoop endlos viele Triebe. Je mehr wir schnitten, desto stärker wurden die „Besen". Schließlich haben wir das gemacht, was wir in Südtiroler Obstgärten sahen: Die langen Triebe werden kräftig nach unten gebunden. Nach einem Jahr begann er an diesen Stellen zu blühen und trägt seither wie verrückt.

Dora Schmitt

Eine ganz alte Schnittregel: Je mehr man schneidet, desto stärker wächst der Baum, und Äste, die flach nach unten gebogen werden, beginnen zu fruchten. Mit Schnüren oder auch kleinen Steinen, die als Gewicht an den Ast gebunden werden, kann das erfolgen.

Marillenschnitt nach der Ernte

Bei mir werden die Marillenbäume unmittelbar nach der Ernte zurückgeschnitten. Seither gibt es immer viele Früchte.

Karl Weiss

Marillenbäume niemals zu viel düngen – ein wenig Kompost genügt, sonst ist das Wachstum viel zu stark.

Leichte Kirschenernte

Immer wieder hört und liest man von schweren Unfällen bei der Kirschenernte. Wir haben deshalb unseren haushohen Kirschbaum gerodet und ein Kirschspalier mit schwach wachsenden Sorten gesetzt. Die Bäume lassen wir nur drei Meter hoch werden und können so ohne viel Aufwand schneiden und ernten.

Dolores Kneissler

So ein Kirschenspalier gibt es auch bei mir – Vorbild war ein Garten in England. Das kann ich nur empfehlen!

Feigen schützen

Die Amseln haben unsere Feigen zum Fressen gern. Zum Schutz der reifen Feigen stülpe ich zwei, drei Tage vor der Ernte kleine Plastiksäckchen, die ich mit Gummiringen fixiere, über die Früchte. Damit sich kein Regenwasser sammelt, steche ich mit einer Nähnadel kleine Löcher. Damit bleiben die Früchte von den Amseln verschont.

Marianne Wießflecker

Bei großen Feigenbäumen und generell bei allen „Amselgehölzen" wie Heidelbeeren, Johannisbeeren oder auch Holunder ist es besser, ein großes Vogelschutznetz zu verwenden – damit gibt es keinen Schnabelraub.

(Foto: shutterstock/samotrebizan)

Um Kirschen besser ernten zu können, werden ganze Zweige abgeschnitten.

Sobald sich Früchte bilden, sollten Feigen vor Vögeln geschützt werden.

(Foto: shutterstock/Dani Vincek)

BLÜTEN
rund ums Haus

Blühende Beete, duftende Rosen, saftig grüner Rasen – davon träumt der Gartenbesitzer. Es sind die Bilder aus Büchern und Zeitschriften oder von Gartenbesuchen, die bei der Gestaltung des eigenen grünen Paradieses immer wieder vor unserem geistigen Auge entstehen.

Doch Ideen allein sind zu wenig – die grüne Oase will gepflegt werden. Naturnah und mit möglichst wenig Aufwand. Eben für intelligente Faule. Die Devise „Mit der Natur und nicht gegen die Natur" ist ein erster Schritt, und die Tipps, die man „über den Gartenzaun" bekommt, sind dabei hilfreich.

Foto: shutterstock/V. J. Matthew

Ein schöner Ziergarten entsteht Schritt für Schritt und sollte gut geplant werden.

Ein blühendes
PARADIES

Der Ziergarten ist der Stolz vieler Gartenfreunde: ein Feuerwerk an Blüten vom Start mit Tulpen und vielen anderen Frühlingsblühern, dann die große Vielfalt an Blütensträuchern, herrlichen Staudenbeeten und natürlich der Rosenpracht bis zum Finale im Herbst mit seinen feurigen Farben: Laub in gleißendem Rot oder strahlendem Gelb.

Das Wichtigste, um so ein Paradies zu schaffen, ist die Planung. Bevor die erste Pflanze gesetzt wird, muss überlegt werden, welche klimatischen Bedingungen vorherrschen. Wo scheint wie viel Sonne? Wie ist der Boden? Wie groß werden die Gehölze?

Hat man diese Fragen geklärt, beginnt die Auswahl. Und die ist viel größer, als vermutet: Wie zum Beispiel ist es möglich, dass Gehölze wie der Lebkuchenbaum fast unbekannt sind? Das silbrig-grüne Laub, der atemberaubende Blattschmuck im Herbst und dann der Duft nach Lebkuchen!

TIPPS VOM BIOGÄRTNER

So entsteht ein Ziergarten

Beginnen Sie mit einem Stück Papier! Notieren Sie alle Wünsche und Lieblingspflanzen und fotografieren Sie Ihre Lieblingsgärten. Dann geht's an die Planung – entweder man schafft es selbst oder (noch sicherer) man wendet sich an Fachleute. Damit die Geldtasche nicht überfordert wird, geht man schrittweise vor und verwirklicht Jahr für Jahr einzelne Teile. Allerdings sollte unbedingt die Reihenfolge eingehalten werden, sonst wird es aufwendig. Zuerst das Gelände planieren, dann Wege, Wasser- und Stromleitungen errichten. Später kommen Rasen, große Gehölze und dann erst die Blumenbeete dazu.

RASENPFLEGE
leicht gemacht

Kartoffeln vor Rasenanlage

Als Kind war ich oft in Dänemark. Überrascht hat mich, dass bei allen Neubauten vor und hinter dem Haus ein Kartoffelfeld lag. Meine Pflegemutter klärte mich auf: Dadurch wird die Erde gelockert und erst im zweiten Jahr wird Rasen ausgesät. Das tat ich auch in meinem kleinen Vorgarten, und jetzt habe ich einen schönen dichten Rasen.

Traude Garherr

Kann man nicht nur beim Rasen empfehlen, sondern generell: Erdäpfel lockern den Boden. Besonders tiefgründig machen das auch Sonnenblumen, und sie sehen hübsch aus.

Je schöner und dichter der Rasen sein soll, desto mehr muss er auch gepflegt werden.

[Foto: shutterstock/AGorohov]

Flauschiges Gras

Um das Gras schön dicht und „flauschig" zu bekommen, sollte es am besten so bald als möglich nach dem Rasensäen gemäht werden – auch wenn die Triebe noch ganz jung erscheinen und man nicht darauf treten möchte. Die zarten Halme richten sich wieder auf. Nach dem Mähen sofort gießen.

Mario Laher

Regelmäßiges Mähen ist Voraussetzung für einen schönen dichten Rasen. Daher ist ein wöchentliches Mähen unumgänglich. Mäht man in größeren Abständen, wird der Rasen schütter und Unkraut macht sich breit.

Roboter mäht perfekt

Ich verwende seit Kurzem einen Rasenroboter. Der hat einige Vorteile zu bieten: Der Rasen ist immer gemulcht, es wächst viel weniger Unkraut und der Rasen ist immer tipptopp gepflegt. Die Maschine ist lautlos, fährt auch in der Nacht und bei Regen, und man hat viel mehr Zeit, den Garten zu genießen.

Christoph Köck

Diese Geräte sind tatsächlich eine kleine Sensation. Bis vor Kurzem waren sie viel zu teuer, aber nun sind sie eine echte Arbeitserleichterung und der Rasen wächst wunderbar. Trotzdem noch einmal pro Jahr düngen – dann gibt es einen ganz dichten Wuchs.

TIPPS VOM BIOGÄRTNER

Blumeninseln im Rasen

In großen Gärten sieht es sehr schön aus, wenn man nicht die gesamte Rasenfläche mäht, sondern einzelne Wieseninseln stehen lässt bzw. nur Wege mäht. So bekommt man auf einmal eine wundervolle Vielfalt an Pflanzen zu sehen (Margeriten, Glockenblumen, Wiesenschaumkraut und viele mehr). Der angenehme Nebeneffekt: Man spart sich bei großen Flächen stundenlanges Rasenmähen! Wer in die Inseln noch einige Blumenzwiebeln setzt – zum Beispiel Zierlauch (mein absoluter Favorit) –, hat mit seiner Blumenwiese das geschaffen, was die Engländer „verlängertes Blumenbeet" nennen.

Meerschweinchenmäher

Mit einem Meerschweinchenhaus mit vier bis sechs Tieren muss man nie wieder Rasen mähen. Das Gras wird immer kurz gehalten und zudem ganz natürlich gedüngt.

Krisztina Pfeffer

Von Schafen habe ich als vierbeinige Rasenmäher gehört – aber Meerschweinchen! Die Idee klingt gut. Dennoch: In der Nacht lieber einsperren, sonst kommen Fuchs und Marder.

Scharfe Kante

Mähkanten haben viele Vorteile: Sie sind leicht zu verlegen und das Mähen wird zum Kinderspiel, denn nichts mehr muss mit dem Rasenkantenschneider nachgemäht werden. Vor allem Rundungen sehen gut damit aus.

Maria Zingl

Eine Idee dazu: Klinkerziegel flach als Rasenbegrenzung verlegen. Das Rad des Mähers fährt darauf und der Rasen wird bis zur Kante geschnitten – ohne Kantenschneider.

Mulchen bei Hitze

Bei Hitze mähe ich den Rasen ohne Fangkorb. Das Schnittgut bleibt liegen und ist zugleich Dünger und Sonnenschutz: Die Wiese verdorrt dann nicht so schnell!

Anna Hubmann

Aber aufpassen: Zu langes Schnittgut verursacht ein Verfilzen des Rasens – eigene Mulchmäher zerhäckseln das Gras in ganz kleine Stücke.

Kein feuchtes Gras mähen

„Mäht man nach Regen, bringt es keinen Segen!" Da lässt sich das Gras nicht nur schlecht mähen, Messer und Mäher verkleben. Daher sollte man den Geräten zuliebe abwarten, bis das Gras trocken ist. Wenn es doch mal sein muss, das Messer des Rasenmähers mit Öl einstreichen. So kann sich das Schnittgut nicht so leicht am Messer festsetzen.

Eva Hohenbichler

Die Gefahr, dass der Rasen durch den „feuchten" Schnitt Pilzerkrankungen bekommt, ist sehr groß – die sogenannte Rotspitzigkeit kann ein kaum zu lösendes Problem sein.

Moos im Rasen

Meine Tipps gegen Moos im Rasen: An schattigen Plätzen für mehr Licht sorgen, indem Bäume, Sträucher oder hohe Stauden ausgedünnt oder zurückgeschnitten werden.

Wenn der Boden zu lehmig ist, das Erdreich gut und vor allem tiefgründig lockern und Kies oder Sand einarbeiten.

Ist der Boden zu sauer (ph-Test), dann hilft hier Kompost weiter. Dieser wird im Frühjahr großzügig in den Boden eingearbeitet. Algenkalk streuen.

Rasen durch Bodendecker ersetzen: Boden umgraben, niedrig wachsende Stauden pflanzen und gut mulchen.

Maria Steininger

An besonders schattigen Stellen sind auch Efeu, Immergrün und Farne eine Alternative. Dazwischen können Wege mit Rindenmulch gestaltet werden. So entsteht ein schöner Schattengarten.

Lebensraum
GARTENTEICH

Steter Wassernachschub

Falls Sie einen Brunnen oder eine Zisterne im Garten haben, planen Sie den Teich, wenn möglich, gleich daneben. Das Wasser des Brunnens kann dann zum Auffüllen des Teichs verwendet werden. Den Überlauf nicht vergessen, bei starkem Regen läuft der Teich sonst über.

Elisabeth Weik

Dennoch darauf achten, dass nicht zu oft Wasser aufgefüllt wird. Es stört das biologische Gleichgewicht und kann durch den im Brunnenwasser enthaltenen Kalk Algen verursachen.

Unerwünschtes Froschkonzert

Vor der Planung eines Gartenteichs oder Schwimmbiotops sollte man immer mit allen Nachbarn reden, ob sie mit künftigem Froschgequake einverstanden sind. Denn wenn dies nicht der Fall ist, kann es zu argen Streitereien kommen. Aus eigener leidvoller Erfahrung schreibe ich diesen Tipp an alle, die einen Gartenteich planen!

Elisabeth Weik

Das Froschkonzert kann schon lästig sein. Natürliche Gegner sind aber die Libellen, die Kaulquappen fressen – damit bleibt das Orchester überschaubar.

TOP TIPP

Eine Naturoase

Unser Teich wurde vor sieben Jahren gebaut, gut angelegt – mit Schilf und allem, was die Natur hergibt. Wir mähen den Rasen nur dort, wo wir gehen, so stören wir keine Tiere. Wir haben Libellen aller Art, sogar der Eisvogel kommt uns manchmal besuchen; von den Schwalben, die hier sind, wollen wir gar nicht reden. Durch die vielen Steine sind bei uns Eidechsen und auch Blindschleichen daheim. So eine Gestaltung kann ich nur empfehlen.

Andrea Werhonig

Ich bin ganz eifersüchtig – der Eisvogel war bei mir noch nie.

Tiere am Teich sind faszinierend. Ein Froschkonzert ist aber nicht jedermanns Sache!

(Foto: shutterstock/Ppaauullee)

TIPPS VOM BIOGÄRTNER

Seerosen im Einkaufskorb

Wenn Seerosen jedes Jahr aus einem nicht allzu tiefen Teich herausgeholt werden müssen, dann ist es sehr praktisch, wenn man sie in einen Einkaufskorb setzt.

Das sieht nicht nur hübsch aus, sondern die Seerose lässt sich leicht herausheben und wieder einpflanzen.

Überwintert wird so eine Seerose in einem Eimer voll Wasser im sehr kühlen Keller.

Sobald der Teich eisfrei ist, wird die Pflanze möglichst früh wieder ins Wasser gestellt.

[Foto: shutterstock/Pablo77]

Wege, die übers Wasser führen, machen den Garten auf besondere weise erlebbar.

Gerstenstroh gegen Algen

Wir füllen zerkleinertes Gerstenstroh in Kunststoffsäckchen, verschließen es, stechen viele Luftlöcher hinein und legen es, beschwert mit Steinen, in den Gartenteich. Im Herbst wird es wieder entfernt. Der Inhalt kommt dann auf den Komposthaufen.

Markus Schnedlich

Das funktioniert wirklich: Beim Zersetzen von Stroh benötigen die Bakterien Stickstoff. Diesen holen sie sich aus dem Wasser und ohne Stickstoff gibt es keine Algen.

Wasserpest schafft Gleichgewicht

Mein Gartenteich ist frei von Algen, seit ich die Wasserpest – eine schwimmende Pflanze – eingesetzt habe.

Elisabeth Nischler

Man sollte aufpassen – der Name sagt alles! Die Wasserpest kann manchmal lästig werden. Sie holt zwar extrem viele Nährstoffe aus dem Wasser (die das Algenwachstum verursachen), vermehrt sich aber auch enorm. Daher: Abfischen und kompostieren, wenn es zu viel wird.

Brave Schnecken

Wasserschnecken helfen auch gegen Algen. Sie vermehren sich rasch.

Christine Gassenbauer

Die sind tatsächlich extrem aktiv – sie putzen die Steine ab und helfen so gegen den grünen Algenbelag.

Teich hilft Wasser sparen

Mit seinen Pflanzen und Tieren bereichert uns der Teich jeden Tag und ist das ganze Jahr über schön anzusehen. Das Beste aber ist die Wasserverdunstung, von der die Umgebung profitiert – seit wir den Teich haben, müssen wir viel weniger gießen!

Hilde Wagl

Als Tau gelangt ein Teil des verdunsteten Wassers zu den Pflanzen in der Umgebung. An heißen Sommertagen ideal!

TIPPS VOM BIOGÄRTNER

Schutz für Kinder

Kleine Kinder spielen gern am Teich. Weil die Gefahr zu ertrinken groß ist, habe ich als Schutz ein stabiles Baustahlgitter einziehen lassen. Es liegt knapp unter der Wasseroberfläche und ist fest verspannt. Sogar ein Erwachsener kann „über das Wasser" gehen. Die Pflanzen wachsen aber ohne Schaden hindurch. Leider genügen manchmal ein paar Zentimeter Wasser für ein Unglück. Noch besser ist daher ein stabiler Zaun ohne Querholme, der nicht überklettert werden kann.

BÄUME und STRÄUCHER

Nicht zu dicht pflanzen

Pflanzen niemals zu eng setzen, auch wenn viel Raum frei bleibt; es wächst alles, wird schnell sehr dicht und groß und stört sich gegenseitig immer mehr.

Martin Thier

Man muss nur zu Beginn aufpassen, dass der Wildwuchs nicht überhandnimmt.

TOP TIPP

Nicht zu große Gehölze

Viele machen es leider falsch: Sie setzen Pflanzen, die viel zu groß werden. Aus kleinen Sträuchern werden riesige Gehölze. Immer vorher erkundigen, wie hoch und breit eine Pflanze später sein wird.

Karin Forst

Absolut richtig: Die richtige Pflanze am richtigen Standort erspart viel Mühe. Denn der Rückschnitt und der Abtransport von Schnittgut ist ein großer Aufwand.

Blaue Hortensienblüten

Damit man schöne blaue Hortensien bekommt, ab dem Zeitpunkt, wenn man Blüten sieht, alle 14 Tage mit 3 g Alaun (Aluminiumsulfat aus der Apotheke) gießen. Alaun ist viel billiger als Hortensiendünger und wirkt bestens.

Silvia Kinzl

Alaun hilft übrigens auch bei Kamelien und Zitruspflanzen, wenn die Blätter durch zu kalkreiches Wasser gelb werden.

Dachziegel als Sonnenschutz

Als Sonnenschutz für meine Clematis habe ich Dachfirstreiter aus Ton platziert. So entsteht genügend Schatten, die Pflanzen gedeihen so prächtig wie nie und danken mir mit voller Blütenpracht.

Josef Gruber

Die Waldrebe braucht unbedingt Schatten, vor allem bei den Wurzeln. Gehölze davor zu pflanzen, ist nur bedingt günstig, weil die Wurzeln eine Konkurrenz zu der Clematis darstellen. Alte, zerbrochene, große Tontöpfe sind auch als Schattenspender für den Clematisfuß gut geeignet.

Buchs selbst vermehren

Ich schneide meinen Buchs um den 24. Juni, und zwar an einem bewölkten Tag. Das Schnittgut verwende ich sofort für den Nachwuchs: Stecklinge mit einer Länge zwischen 10 bis 15 cm stecke ich in einen mit Erde und Sand gefüllten Topf, den ich in den Schatten stelle und hin und wieder gieße. Dort bleibt er bis zum kommenden Jahr im Herbst stehen. Die angewurzelten Stecklinge verwende ich für neue Einfassungen und Umrahmungen meiner Beete.

Sabine Steinkreß

Regelmäßiger Schnitt macht Buchshecken ganz dicht. Damit der Buchs gesund bleibt (Stichwort: Buchspilz), niemals mit Rindenmulch die Erde bedecken.

Anfangs werden Gehölze, vor allem Blütensträucher, oft zu eng gepflanzt. Flieder entwickelt sich, locker angeordnet, prächtig.

(Foto: shutterstock/katatonia82)

(Foto: shutterstock/fotosunk1d)

Der richtige Buchsschnitt benötigt etwas Übung.

TOP TIPP

Liguster selbst gezogen

Einfach nach dem Rückschnitt vom Liguster die Äste in die Erde stecken. Nach einiger Zeit wurzeln diese an, und nach und nach wächst eine dichte Hecke, die nichts kostet.

Claudia Rieker

In der ersten Phase ist das gleichmäßige Gießen wichtig, damit die Steckhölzer gut anwachsen können und die feinen Wurzeln nicht vertrocknen.

Buchskugeln schneiden

Um eine schöne runde Buchskugel zu erhalten, schneide ich mir eine Schablone aus Karton aus. Zuerst wird der Buchs gemessen. Dann nehme ich die Hälfte des Durchmessers und zeichne einen Halbkreis auf einen Karton, den ich ausschneide. Der Karton dient als Vorlage und entlang dieser Schablone wird geschnitten.

Karin Stern

In England gibt es fertige Schablonen zu kaufen – aber: Mit einiger Übung schafft man es auch mit Augenmaß.

Schnitt der Ligusterhecke

Unsere Ligusterhecke wird immer erst geschnitten, nachdem sie geblüht hat. Machen wir das nicht, bildet sie viele Wassertriebe und die Hecke verliert schnell an Form.

Markus Klotz

Und noch ein Vorteil: Viele Insekten können den Nektar von den Blüten holen und wir den herrlichen Duft genießen.

Rückschnitt des Mandelbäumchens

Schneiden Sie die Blütentriebe des Mandelbäumchens zurück, sobald die Blüten zu welken beginnen. So reduzieren Sie die Anfälligkeit für die Spitzendürre, denn die Pilzsporen dringen vor allem über die Blüten in die Pflanze ein. Ein kräftiger Rückschnitt ist kein Problem – umso kräftiger wachsen die neuen Blütentriebe.

Simone Haberl

Leider wird es oft übersehen: das Mandelbäumchen benötigt, so wie auch die Kätzchenweide, einen ganz kräftigen Rückschnitt. Blüten und Kätzchen gibt es nämlich nur auf den neuen, einjährigen Trieben.

Mandelbäumchen sollten regelmäßig zurückgeschnitten werden.

(Foto: shutterstock/Devil)

Kein Garten
OHNE ROSEN

Nahrhafte Bananenschalen

Ein hervorragender Rosendünger sind Bananenschalen von ungespritzten Biobananen, die einfach um den Rosenstock gelegt und etwas mit Erde bedeckt werden.

Ingrid Nowag

Ein Tipp, der von vielen Rosenliebhabern praktiziert wird. Ich bevorzuge es, mit Kompost und Hornspänen zusätzlich zu düngen.

TOP TIPP

Studentenblume gegen Bodenmüdigkeit

Bodenmüdigkeit bei Rosen bekommen wir mit Studentenblumen (*Tagetes*) in den Griff: Wir pflanzen sie jedes Jahr unter die Büsche.

Walter und Gertrude Lehnert

Besonders bei Neupflanzungen an Stellen, wo Rosen wuchsen, sind Tagetes gute Bodenentseucher. Die Sorte Tagetes patula ist die beste dafür.

Rindendekor als Krankheitsbremse

Jahrelang hatte ich immer Probleme mit Sternrußtau bei meinen Rosen. Meist waren die Pflanzen im August schon ohne Blätter. Nun breite ich im Frühjahr eine dicke Schicht Rindendekor auf dem Beet aus. Im Herbst, nach dem Abfallen der Blätter, wird diese Schicht entfernt und Kompost und Rindermist aufgebracht. Im Frühjahr kommt wieder frischer Rindendekor auf das Rosenbeet. Damit werden alle Krankheitserreger entfernt.

Ignaz Scheibner

Gute Idee, nur sollte man bei Neupflanzungen bedenken, dass Rindenmulch durch seine Gerbsäure auch das Wachstum der Rosen hemmen kann.

Stammrosen sind robuster

Rosen gehören zu meinen Lieblingsblumen, doch hatte ich immer Pech: Der Sternrußtau machte schon im Sommer meine Büsche kahl. Als ich gelesen habe, dass diese Krankheit über Gießwasser, das vom Boden hochspritzt, übertragen wird, habe ich es mit Stammrosen versucht. Tatsächlich sind sie weit weniger anfällig als die Büsche.

Franziska Berger

Wichtig ist bei den Stämmchen nur der Winterschutz: Ich bevorzuge das sanfte Umlegen und Eingraben. Vlies und Jute sind in milden Gegenden eine Alternative.

Kraftnahrung für Rosen

Kompost allein ist für Rosen zu wenig. Ich stelle einen speziellen Rosenkompost her, indem ich dem normalen Gartenabfall noch Rindermist hinzufüge (Verhältnis 1 : 1). Im Herbst wird damit angehäufelt, im Sommer zweimal gemulcht.

Anna Mayrhofer

Rindermist enthält viel Stickstoff – er sollte unbedingt ein Jahr lang abgelegen sein, sonst kommen Fäulniserreger ins Beet.

Edelrosen gedeihen nur an sonnigen, luftigen Standorten gut.

(Foto: shutterstock/Tatiana Mirlin)

Kletter- und Strauchrosen wachsen über Zäune und Rosenbögen und entwickeln üppige Blütenkaskaden.

[Foto: shutterstock/Iurii Konoval]

TIPPS VOM BIOGÄRTNER

Wundermittel Schachtelhalmtee

Kaum ein anderes Kraut im Garten ist wirkungsvoller als der Schachtelhalm. So lästig er als Unkraut auch ist, so gut wirkt er gegen alle Pilzkrankheiten. Folgende Teezubereitung wirkt Wunder: Frisches Zinnkraut in Wasser ansetzen (eine Handvoll auf einen Liter Wasser) und über Nacht einweichen. Am nächsten Tag die Brühe mindestens eine Stunde aufkochen lassen, abseihen, abkühlen und mit fünf Teilen Wasser verdünnen. Wöchentlich auf die Blätter (Ober- und Unterseite) der Rosen oder anderer Pflanzen spritzen, die von Pilzkrankheiten bedroht werden.

Wurzeltonikum für Rosen

Vermischen Sie einen Teil Lehm, Schachtelhalmtee (zuerst das Zinnkraut über Nacht einweichen), etwas Urgesteinsmehl, klein geschnittene Haare (vom Friseur) als Wühlmausabwehr und frischen Kuhmist. Es muss ein dicker Brei entstehen. Vor dem Pflanzen der Rosen die Wurzeln darin eintauchen. Dieses Wurzeltonikum hat sich auch bei allen Obstbäumen und Sträuchern bewährt.

Johann Huber

Klingt gut – zu bedenken wäre, dass die Wühlmausabwehr nur für eine Saison hält.

Verblühte Rosen sollten regelmäßig ausgeschnitten werden.

[Foto: shutterstock/Andris Tkacenko]

Schutz vor Katzen

Wir stecken alte Rosenzweige zum Ziergras und ins Gemüsebeet – das hält Katzen fern.

Anna Hackl

Rosenzweige bewähren sich auch in Beeten, in denen frisch ausgesät wurde. Die Triebe der Ramblerrosen eignen sich dafür besonders gut.

Rosen – selbst gezogen

Im August eine Rosenblüte mit drei Blätterpaaren abschneiden, die verblühte Rose entfernen und die unteren zwei Blätter abschneiden, in lockere Erde stecken. Das obere Blatt bleibt dabei sichtbar und kommt nicht unter die Erde, angießen und ein etwa Zweiliterglas darüberstellen. Bei starker Trockenheit gießen. Das Glas erst im Frühjahr, wenn kein Frost mehr droht,

entfernen. Dieser Rosensteckling kann schon im zweiten Jahr blühen.

Monika Lechner

Das ist die einfachste Möglichkeit, Rosen zu vermehren. Wurzelechte Rosen wachsen nur manchmal nicht so stark. Schwach wachsende Edelrosen sind auf die wüchsigen Wurzeln von Wildrosen veredelt.

Mehr Blüten

Kletterrosen blühen besonders reich, wenn sie waagrecht gezogen werden.

Angelika Hochstöger

Ob Rosen oder Obstbäume, die waagrechten Triebe regen die Blüten- und damit beim Obst auch die Bildung der Fruchttriebe an. Daher immer so schneiden, dass nicht alles „in den Himmel wächst".

Ungefüllte Blüten locken nützliche Insekten an.

[Foto: shutterstock/M.Khebra]

TIPPS VOM BIOGÄRTNER

Kletterrosenbaum

Ein alter Obstbaum, der kaum noch Früchte trägt, aber wegen seines knorrigen Wuchses recht eindrucksvoll dasteht, darf nicht umgeschnitten werden! Lassen Sie einfach eine Kletterrose wie die weiße Sorte 'Bobbie James' oder 'Pauls Himalayan Musk' mit ihren zartrosa Blüten und dem starken Duft (mein absoluter Favorit) in die Krone des Baumes wachsen. Eine Ramblerrose muss nicht geschnitten werden und bildet bald ein dichtes Blütenmeer – bei mir wachsen sie mittlerweile in der gesamten Wildsträucherhecke, dem Nussbaum und über das Gartenhaus.

Im BLUMEN- und STAUDEN- GARTEN

Schnelle Aussaat

Einfacher geht es nicht: Verblühter, schon abgetrockneter Phlox wird abgeschnitten, auf dem Gartenboden ausgestreut und im Frühjahr keimen neue Pflanzen. Genauso mache ich das bei Löwenmäulchen und Bart-nelken. Bei den Studentenblumen (*Tagetes*) bewahre ich die trockenen Samen bis zum Frühjahr in Papiersäckchen auf und streue sie direkt ins Freilandbeet. Diese Keimlinge blühen zwar etwas später, sind dafür aber robuster.

Maria Otonicar

Wer nicht zu genau Unkraut jätet, der wird überrascht sein, wie groß die Vielfalt an Pflanzen im Garten mit der Zeit wird. Besonders Akeleien, Fingerhut, Königskerzen und Veilchen vermehren sich durch Selbstaussaat.

(Foto: shutterstock/oksana2010)

Hornveilchen samen gern aus, um an verschiedenen Stellen im Garten wieder aufzutauchen.

Verblühter Phlox wird abgeschnitten und auf dem Beet aufgelegt, die Samen fallen aus, um im nächsten Jahr erneut zu keimen.

(Foto: shutterstock/HGalina)

TOP TIPP

Überall Stiefmütterchen

Stiefmütterchen sollten aussamen dürfen. Dann hat man im Garten verschiedene Blüten – und das ganz kostenlos.

Anna Hackl

Besonders gut funktioniert die Verbreitung mit den Hornveilchen – diese kleinen Stiefmütterchen sind besonders wuchsfreudig und kommen Jahr für Jahr wieder.

TIPPS VOM BIOGÄRTNER

Stauden verjüngen

Wenn Stauden spärlich blühen, müssen sie durch Teilung verjüngt werden.

Ab Ende August werden alle bereits verblühten Pflanzen ausgegraben und mit einem Spaten oder einem scharfen Messer in faustgroße Stücke geteilt.

Diese kann man dann am alten Platz oder an einem neuen Standort mit frischer Komposterde einsetzen. Besonders wichtig ist das zum Beispiel bei Astern oder auch beim Phlox – die Pflanzen bleiben vital und blühfreudig.

[Foto: shutterstock/Ratikova]

Nimmt die Blühfreudigkeit der Astern von Jahr zu Jahr ab, sollte der Stock geteilt werden.

Dekorierte Dachrinne

Die einjährige Schwarzäugige Susanne umschlingt im Sommer unser Ablaufrohr der Dachrinne. Bei guter Pflege wird sie einige Meter hoch. Eine ideale Begrünung für unschöne Stellen.

Christine Blümel

Auch als Sichtschutz ist diese Pflanze gut geeignet. Ganz wichtig: ausreichend gießen und düngen.

Stauden nicht jäten

Vor allem Wald- und Waldrandstauden mögen es nicht, wenn ihr Wurzelbereich ständig mit einer Hacke durchgearbeitet wird. Pflanzen Sie Ihre Stauden besser gleich mit dem richtigen Pflanzabstand, damit sich der Pflanzenteppich innerhalb weniger Jahre schließt und kaum noch Unkraut durchlässt. Bis dahin sollten Sie alle Unkräuter mit der Hand ausjäten und die Fläche bei Bedarf mulchen, um den Boden feucht zu halten und neues Unkraut zu unterdrücken.

Holger Keller

Bester Mulch fürs Staudenbeet ist Rasenschnitt – der Boden bleibt feucht und locker und es kommt viel weniger Unkraut auf.

Der zweimal blühende Rittersporn wird gleich nach der Blüte zurückgeschnitten.

Saisonale Herbstbepflanzung

Geht der Sommer langsam zu Ende, tausche ich die eine oder andere Sommerblume im Garten oder am Balkon durch Gräser, Stiefmütterchen, aber auch kleine Nadelgehölze aus. Besonders beim Eingang und in Blumenkästen sind die Beete auch im Herbst und Winter attraktiv.

Alexandra Reiter

Besonders liebe ich die Skimmie – sie sieht mit den roten Blütenknospen sehr schön aus und der Duft der Blüten im Frühjahr ist betörend.

Pinkfarbene Erika eignen sich wie Gräser für eine stimmungsvolle Herbstbepflanzung.

Rückschnitt von Lavendel

Ganz entgegen allen gärtnerischen Ratgebern schneide ich meinen Lavendel gleich nach der Blüte ca. 2 cm über dem Boden ab. Die Stauden sehen in den ersten Wochen nach dem Schnitt nicht besonders schön aus, sind bis zum Frühherbst aber wieder buschig. Sie blühen wunderbar – und das nun schon seit 20 Jahren. Noch nie musste bei mir Lavendel nachgepflanzt werden.

Manuela Porod

Ist auch mein Tipp: Sofort schneiden – mit der Einschränkung: „... bis zum ersten grünen Blatt", denn aus dem alten Holz treibt der Lavendel sehr schlecht bis gar nicht aus.

TOP TIPP

Zweite Blüte bei Rittersporn

Rittersporn schneide ich nach der ersten Blüte ca. 10 cm über dem Boden ab: Die Pflanze wird für den zweiten Flor mit Kompost und Steinmehl gestärkt. Die dicken Stängel schütze ich mit halbierten Nussschalen vor Nässe.

Maria-Elisabeth Dietl

Das Dach aus Nussschalen finde ich kreativ – es ist auch bei Lupinen praktisch.

(Foto: shutterstock/cameran)

Zu eng stehende Narzissen danken es einem, wenn man sie ausgräbt und neu pflanzt.

Prachtvolle
ZWIEBEL-
BLUMEN

Heißes Bad für Zwiebeln

Vor dem Pflanzen tauche ich Blumenzwiebeln für ca. ½ Stunde in 45 °C heißes Wasser. Damit verhindert man das Auftreten von verschiedenen Krankheiten und Schädlingen wie zum Beispiel Weichhautmilben.

Tanja Ofner

Hilft besonders auch gegen die lästige Narzissenfliege, die vor allem in Schneeglöckchen-sammlungen großen Schaden anrichtet. Rechtzeitig heiß gebadet, stirbt die Made in der Zwiebel ab.

Kälteschock für Blumenzwiebeln

Blumenzwiebeln, die zur Blüte gebracht werden sollen, brauchen einen Kälteschock. Den kann man ihnen auch geben, indem man die Zwiebeln einige Tage im Kühlschrank (möglichst weit vom Kühlaggregat entfernt) lagert.

Herta-Albine Schneider

Dieser notwendige Kälteschock wird auch bei den sogenannten „präparierten" Hyazinthen vorweggenommen, die dann im Zimmer zu Weihnachten blühen.

TOP TIPP

Kräftig düngen

Seit ich meine Narzissen im Staudenbeet kräftig dünge, gibt es Jahr für Jahr mehr Blüten. Einige Sorten (vor allem die großen gelben Osterglocken) muss man aber dennoch ausgraben und neu pflanzen, weil sie sonst zu eng stehen.

Angelika Wiesmuth

„Futter" ist für Narzissen das Wichtigste: Ich dünge immer dann mit einem Biodünger, wenn die neuen Triebe im Frühjahr etwa 10 cm herausgekommen sind.

TOP TIPP

Einziehen lassen

Die Blätter der abgeblühten Narzissenstöcke darf man erst nach dem Verwelken und Verdorren abschneiden, damit sie nächstes Jahr wieder kräftig blühen. Meine Narzissen im Garten blühen schon seit über zwanzig Jahren immer wieder prächtig.

Werner Hofer

Nur die Samenstände sollte man entfernen, denn das kostet Kraft.

Narzissen sollen, wie auch alle anderen Zwiebelblumen, nach der Blüte einziehen, eine Düngegabe stärkt sie für die nächste Saison.

(Foto: shutterstock/konzeptm)

Wer große Dahlienblüten wünscht, schneidet einige Seitentriebe weg.

Kraftfutter für Zwiebelblumen

Neben Kompost gibt es bei mir im Tulpenbeet und bei den Narzissen als Dünger Holzasche.

Waltraud Birbaumer

Kalium ist ein Hauptbestandteil von Asche – und Kalium fördert die Blütenbildung. Dennoch nicht übertreiben, weil Asche auch Schwermetalle enthält, die im Boden verbleiben. Am besten mit Kompost mischen.

Tulpenzwiebeln im Topf

Jedes Jahr pflanzte ich in meinem Garten unzählige Tulpenzwiebeln, im Frühjahr war dann stets die Enttäuschung groß. Die Wühlmäuse hatten ihr Festmahl gehabt. Nun nehme ich die Pflanzgefäße von kleinen Containerpflanzen, fülle sie mit Gartenerde und stecke die Tulpenzwiebeln in der richtigen Pflanztiefe hinein. Diese Gefäße vergrabe ich so, dass der obere Rand nur leicht mit Erde bedeckt ist. Seither können wir uns jedes Frühjahr über herrliche Blüten freuen.

Stefanie Haunschmidt

... und die Tulpen lassen sich auch gleich nach dem Abblühen und Einziehen aus der Erde holen. Denn nur wenn sie im Sommer trocken gehalten werden, gibt es im Jahr darauf Blüten.

Körbe gegen Mäuse

Blumenzwiebeln können nicht von Mäusen angenagt werden, wenn man sie in Pflanzkörben aussetzt.

Hermine Schwarz

Nicht allzu viel Hoffnung in diese Plastikkörbe stecken, bei mir wurden einige durchgebissen. Erst die Drahtkörbe aus verzinktem Eisen waren mausfest.

Montbretien schützen

Die Knollen von Montbretien können im Winter im Boden bleiben, wenn man sie mit einer dicken Schicht aus Laub und Tannenzweigen abdeckt. Man kann sie allerdings auch wie Gladiolen in einer Kiste mit sandiger Erde im kühlen Keller überwintern.

Isabella Bartl

Damit das Laub nicht gleich davongeweht wird, gebe ich eine dünne Schicht Kompost darüber.

Blühfreudige Dahlien

Damit Dahlien besonders große Blüten bekommen, schneiden Sie alle Seitentriebe bis auf vier Stücke ab. Auch die erste Blütenknospe entfernen! Die folgenden Blüten werden viel größer und üppiger. Sind die Dahlien blühfaul, versuchen Sie es mit Holzasche, die Sie in die Blumenerde mischen.

Waltraud Birbaumer

Außerdem: Alles Abgeblühte sofort entfernen. Setzt die Dahlie Samen an, kostet das die Pflanze sehr viel Kraft.

Tulpen sind leider ein Leckerbissen für Wühlmäuse. Pflanzkörbe und Töpfe schützen die Zwiebeln.

(Foto: fotolia/leerage)

Der Enzianbaum zählt zur Familie der Nachtschatten-gewächse wie Kartoffeln oder Tomaten.

AUF BALKON
und Terrasse

Kübelpflanzen vermehren

Enzianbaum, Hammerstrauch, Fuchsien und viele andere Kübelpflanzen vermehrt man am besten durch Stecklinge. Ich nehme dafür ein fertiges Bewurzelungshormon und eine Packungserde, die ich mit 50 % Sand vermische. Stecklinge fest andrücken, angießen und Plastiksäckchen darüber. Halbschattig stellen.

Josefine Zaiser

Bester Zeitpunkt für die Vermehrung ist der Frühsommer. Da sind die Pflanzen im vollen Wachstum.

(Foto: shutterstock/PeJo)

Pelargonien sind anspruchslose Balkonblumen, Düngergaben fördern jedoch die Blütenbildung.

Weide zum Bewurzeln

Einige Stücke von Weidenzweigen oder Streifen von Weidenrinde werden mit Wasser angesetzt und Stecklinge oder Samen damit behandelt. Die Weiden haben ein Pflanzenhormon, das die Bewurzelung unterstützt.

Brigitte Freibauer

Besonders Pelargonienstecklinge, die man in dieses Weidenwasser taucht, bilden dann viel schneller Wurzeln und wachsen rascher.

Kaffeetante Geranie

Geranien (Pelargonien) haben einen üppigen Wuchs und wunderschöne Blüten, wenn man sie regelmäßig mit Kaffeesatz düngt! Einfach auf die Erde aufstreuen und leicht einarbeiten.

Heidemarie Goldberger

Kaffee ist ein Allheilmittel, offensichtlich nicht nur für uns Menschen.

Miniregentonnen

Plastik-Mineralwasserflaschen fülle ich auf, wenn es regnet. Das Wasser nutze ich dann, wenn es schön ist, um meine Blumenampeln und -kästen zu gießen.

Brigitte Dampier

Ich hab immer die Kanister vom Scheibenfrostschutz gut gewaschen und als Regenwasserspeicher verwendet. Aufgefangen wurde das Wasser über eine Dachrinne.

Urlaubsbewässerung

Balkonblumen und Zimmerpflanzen lassen sich mit Glasflaschen, die ich mit Wasser fülle und kopfüber in einen Blumentopf stecke, bis zu vier Tagen versorgen.

Martina Mück

Noch besser ist der Nachbar, der vorbeischaut und die Pflanzen gießt. Dann kann gar nichts passieren.

Erde selbst gemischt

Ich verwende die lose Kastenerde zweimal. Im zweiten Jahr mische ich sie mit Maulwurfserde, ein wenig Sand und neuer Erde. Das Wachstum ist enorm und kurioserweise gehen immer wieder Balkonblumen vom Vorjahr auf, von denen Samen in der Erde geblieben sind.

Monika Lechner

Gartenbesitzern rate ich, die Balkonkastenerde zu kompostieren, so geht nichts an Erde verloren und die Gefahr der Übertragung von Krankheiten ist bei richtiger Kompostierung kein Problem.

Weiches Wasser

Das eiskalte Wasser aus der Leitung lieben die meisten Pflanzen überhaupt nicht. Das Gießwasser sollte besser in einem Kübel einige Zeit stehen bleiben, damit sich der Kalk absetzt. Außerdem hat das Wasser dann die gleiche Temperatur wie die Umgebung.

Eva Hohenbichler

Sehr viel Kalk geht dabei zwar nicht verloren, aber die Erwärmung hilft den Pflanzen stark.

Ungewaschene Wolle

Durch Zufall hab ich von Bekannten erfahren, dass ungewaschene Wolle ein großartiger Dünger ist. Seither hole ich mir die Schafwolle bei Bauern und fülle sie in Töpfe und Kisten, decke gut mit Erde ab und setze dann die Pflanzen ein.

Loisi Osl

Zwei Vorteile hat dieser Ratschlag: Das Wasser wird gespeichert und gleichzeitig ist die Wolle (wie Hornspäne) ein guter und sanfter Dauerdünger.

Fuchsien überwintern

Kein Winterquartier für Fuchsien vorhanden? Es funktioniert auch im Garten! Im Mistbeet oder einem Gartenbeet eine 30 bis 50 cm tiefe Grube graben und mit Vlies auslegen. Von den Fuchsien alle Blätter und Blüten entfernen, mit Zeitungspapier umwickeln und in die Grube legen. Zuerst

Fuchsien gehören zu den wenigen Balkon- und Kübelpflanzen, die auch im Schatten gut gedeihen.

(Foto: shutterstock/Irakitel)

mit Vlies und dann mit Erde zudecken. Ende März grabe ich die Fuchsien wieder aus und setze sie in Töpfe ein. Bis zum Mai stehen sie im Mistbeet oder einem Gewächshaus.

Christine Gassenbauer

Eine gute Lösung, und die Pflanzen sind auch viel vitaler. Wichtig ist nur, dass die Grube tief genug ist und kein Frost zu den Fuchsien gelangt.

Kräuter-Zitrus

Bei meinem 15 Jahre alten Zitronenbaum habe ich (aus Platzmangel in meinem Garten und auch zur Verschönerung) Thymian, Rosmarin und Basilikum in den Topf dazugepflanzt. Kräuter und Baum gedeihen prächtig. Gedüngt wird nur mit Regenwurmhumus – und das ganz selten.

Edeltraud Brunmüller

Mediterrane Kräuter fühlen sich in der durchlässigen Topferde sehr wohl und mögen im Winter – genauso wie alle Zitruspflanzen – nur wenig gegossen werden.

(Foto: shutterstock/bonzou)

Oleander lässt sich leicht durch Stecklinge vermehren.

Oleander vermehren

Stecklinge (10 bis 15 cm) von Oleander stellt man in ein dunkles Gefäß mit Wasser. Nach drei Wochen treiben bereits die ersten Wurzeln, dann kann man die neuen Pflanzen eintopfen. Vor praller Sonne schützen, ein Jahr danach gibt es die ersten Blüten.

Gebhard Sommerauer

Funktioniert auch mit Stecklingen von Engelstrompete, Veilchenstrauch und vielen anderen Kübelpflanzen.

Stuhl als Pflanzbeet

Ein alter Stuhl wurde bei mir zum Pflanzbeet! Die Sitzfläche kam heraus, ein Hasenstallgitter wurde befestigt und mit grober, kiesiger Erde befüllt. Darin habe ich dann Hauswurzen gesetzt, die prächtig gedeihen.

Juliane Beham

Selbst auf alten Dachplatten wachsen diese genügsamen Pflanzen – nur zu Beginn mit etwas Draht fixieren.

Blumen im Schubkarren

Man nehme einen alten verrosteten Schubkarren und verwende diesen als Pflanztrog – mit Stauden, Zwiebelblumen und Sommerblumen bepflanzt. Das Ganze, noch mit altem Gartenwerkzeug dekoriert, sieht sehr dekorativ aus.

Johanna-Irene Hagl

Sperrmüllsammlungen sind für Liebhaber von solchen Dekorationen eine Fundgrube. Man glaubt gar nicht, was da alles zu finden ist, zum Beispiel Kinderblechbadewannen sind ideale Miniterrassenteiche.

Lästige
SCHÄDLINGE

Sie tauchen über Nacht auf und machen uns das Gartenleben zum Graus: die Schädlinge. Wie aus dem Nichts kommen sie: Blattläuse, Wühlmäuse oder Maulwurfsgrillen. Viele fragen sich: Woher kommen diese lästigen Tierchen? Sie sind im Prinzip immer da – warten nur auf den richtigen Augenblick, in dem Temperatur und Witterung bei den Pflanzen Stress auslösen, und schlagen dann zu. Der Naturgärtner beugt daher vor oder greift nur sanft ein. Dieses „Mit-der-Natur"-Arbeiten fördert die Nützlinge wie Marienkäfer, die ohne unser Zutun für den ökologischen Ausgleich sorgen.

DER SCHNECK
muss weg!

Diesen Plan haben alle gärtnernden Menschen, und das schon seit Generationen – denn die Bekämpfung der Schnecken ist für uns alle eine nie enden wollende Diskussion.

Die Spanische Wegschnecke (und nur sie macht uns wirklich Sorgen), ein besonders lästiger Schädling, tritt in Massen auf und vernichtet über Nacht frisch gepflanzte Blumen- und Gemü-sepflänzchen. Die jung aufgegangene Saat, aber auch die Triebe von Dahlien gehören für diese schleimigen Tierchen leider zu den Leckerbissen.

Als Naturgärtner versuchen wir vor allem Nützlinge in den Garten zu locken: Wir errichten Steinmauern als Unterschlupf für Eidechsen, Salamander und Blindschleichen. Der Gartenteich ist Quartier für Kröten und Ringelnattern. Und das Herbstlaub dient als Versteck für Igel und Laufkäfer. Sie alle sind große Schneckenvertilger. Dennoch muss man bei einer Invasion eingreifen.

Es ist der Albtraum jeder Gärtnerin und jedes Gärtners – die Schneckeninvasion!

(Foto: fotolia/openlens)

TIPPS VOM BIOGÄRTNER

Abwehren und absammeln

In den Abend- und Morgenstunden Tiere absammeln und aus dem Garten in die freie Natur bringen oder ohne Quälerei vernichten (Mit kochend heißem Wasser überbrühen bedeutet den Sekundentod).

Mechanische Hindernisse aufbauen: Schneckenzäune oder auch Kupferdrähte. Schneckenkorn auf Eisen-III-Phosphat-Basis (das einzig im Biogarten zugelassene) sollte man nur im Notfall und am besten vorbeugend verwenden: Zeitig im Frühjahr, wenn nur die ganz kleinen Tierchen unterwegs sind, breitwürfig streuen, das senkt die Belastung fürs ganze Jahr.

(Foto: fotolia/Gina Sanders)

Mit Kaffeesatz und zerkleinerten Eierschalen lässt sich den Schnecken zu Leibe rücken.

Schluss mit den FRESS- ATTACKEN

Eierschalen grob zerkleinern

Eine natürliche und biologische Hilfe bei Schnecken im Garten: Beim Kochen die Eierschalen aufheben, etwas austrocknen lassen und zerkleinern (nicht zu klein). An den Rändern der Beete ausstreuen. Hält sehr lange und kann jederzeit wiederholt werden.

Martina Rahming

Das ist gleichzeitig auch ein guter Kalkdünger. Bei viel Regen haben die Schnecken aber die Barriere bei mir manchmal ignoriert.

Eine Mischung aus Kaffeesud und Eierschalen (gewaschen und in sehr kleine Splitter) hilft gegen Nacktschnecken.

John Finley

Beides extra angewendet hat bei mir schon ganz gute Erfolge gebracht; die Kombination ist interessant.

Kaffeesatz als Dünger

Streuen Sie einen dicken Ring Kaffeesatz rund um gefährdete Pflanzen, denn Schnecken mögen ihn nicht. Auch um Erde, die ausreichend mit Kaffee gedüngt wurde, machen Schnecken einen Bogen.

Beate Böhm

Für eifrige Kaffeetrinker ein ganz toller Tipp.

Asche als Barriere

Rund ums Gemüsebeet Asche streuen verhindert, dass die Schnecken zu den Pflanzen kriechen, denn Schnecken mögen keine Asche.

Sabine Schießbühl

Gute Idee – aber aufpassen: eine Kaliüberdüngung ist für Pflanzen auch nicht optimal.

TOP TIPP

Lockmahlzeiten

Ich habe letztes Jahr begonnen, die Schnecken am Abend einzusammeln, habe sie beobachtet und somit auch ihr Verhalten kennengelernt. Ich sah, wo sie sich gern verstecken, wo die Jungtiere zu finden sind, pflanzte bewusst Lockmahlzeiten wie *Tagetes*. Es wurde ein kleines und sehr interessantes Forschungsprojekt. Da kein Ärger mehr vorhanden war, war es auch ein sehr meditatives Erlebnis. Die Schnecken habe ich dann ca. 100 Meter weit weggetragen. Als die Pflanzen kräftiger wurden, waren sie auch nicht mehr so interessant. Hat sehr gut funktioniert, keine Schnecke wurde bestialisch getötet. Auf Schneckenkorn hab ich gänzlich verzichtet.

Susanne Lentsch

Schnecken zum Meditieren – warum nicht? Es gibt Gärtner, die schlossen mit den Tierchen sogar Frieden und haben seither viel weniger Probleme.

Rhabarberblätter als Sammelstelle

Legen Sie Rhabarberblätter im Garten aus. Sie dienen als Schneckensammelstelle. Die Tiere suchen dort Unterschlupf und können so tagsüber leicht eingesammelt werden.

Esther Wurm

Funktioniert auch sehr gut mit Karton, feuchten Zeitungen oder nassen Tüchern!

Tomatenblätter

Abgeschnittene Tomatenblätter zwischen den grünen Salat streuen, damit keine Schnecken kommen.

Ilse Hoerler

Mulch und Abwehr gleichzeitig – das ist geschickt.

Tagetes dienen im Gemüsebeet als Lockpflanzen, sie werden liebend gern zuerst verspeist, das Gemüse – zumindest vorerst – verschont.

(Foto: shutterstock/mythja)

Salbei hat einen intensiven Geruch, offenbar keinen, den Schnecken mögen. Salbeizweige werden von Schnecken nicht überkrochen.

Salbei: nicht nur Heilmittel

Ich habe einen wuchernden Salbei und verwende diesen nicht nur als Heilmittel. Er ist auch mein Schneckenschreck! Wo ich keine Schnecken haben will (mein Garten grenzt an ein Feld), lege ich Salbeizweige entlang auf, und keine Schnecke wagt diesen duftenden Übergang zu überkriechen.

Gabriele Staffel

Kräuter mit so einem herben Geruch sind für viele Schädlinge ein Graus. Die ätherischen Öle verströmen einen intensiven Duft, das mögen Schnecken offensichtlich nicht.

Gehäckseltes Elefantengras

Verwenden Sie gehäckseltes Elefantengras zum Mulchen bei Gemüse und Blumen, es hält gut feucht, scha-

(Foto: shutterstock/Imageman)

det den Pflanzen nicht, und die Schnecken mögen es ganz und gar nicht, da es sehr scharfkantig ist.

Romana Berger

Bisher hatte ich noch nicht an Elefantengras gedacht, ein Tipp fürs nächste Forschungsprojekt!

Fichtenäste als Schneckenbarriere

Um die Nacktschnecken aus dem Gemüsegarten fernzuhalten, lege ich frisch geschnittene Fichtenäste außerhalb des Gemüsegartens auf. Schichtweise aufgebracht und gut übereinander verdichtet, verrotten die Äste sehr langsam. Die Schnecken bleiben seitdem fern, da sie nicht über die Nadeln kriechen. Bester Beweis dafür sind neben den verschonten Gemüsepflanzen die innerhalb der Barriere wachsenden *Tagetes*, die Schnecken normalerweise heiß begehren.

Elisabeth Borowan

Unter so einem Geäst sind auch sicherlich die Gegner der Schnecken zu finden – die Laufkäfer. Und der Boden wird gleichzeitig gemulcht.

Weinbergschnecken schützen

Die Eigelege von den lästigen, großen roten Wegschnecken werden von den Weinbergschnecken gefressen. Wenn einmal eine Weinbergschnecke im Ziergarten umherschleicht, ist das daher nicht so schlimm. Sie richtet nicht so viel Schaden an wie die roten Schnecken.

Gerda Fink

Auch ich bin ein Freund der Weinbergschnecken!

Zwerghühner im Garten

Um der Schneckenplage Herr zu werden, dürfen unsere Hühner im Herbst, wenn es nicht mehr so heikel ist, den ganzen Garten nach Schneckeneiern durchsuchen. Das Gleiche machen sie auch im zeitigen Frühjahr bis zur Ausplanzzeit. Natürlich sieht es in der Schneckeneiersuchzeit nicht so schön aus, aber es lohnt sich. Zwerghühner sind besser, weil sie nicht so auskratzen. Im Übrigen finde ich es sehr nett, wenn sich im Garten etwas rührt.

Gabi Holzleithner

Der Boden wird gleichzeitig umgeackert und gelockert, was aber natürlich nicht immer und nicht an allen Stellen erwünscht ist. Perfekt auch gegen die wurmigen Kirschen! Unterm Kirschbaum befinden sich die Larven, die später als Kirschfruchtfliege die Kirschen befallen würden und für Hühner eine Delikatesse sind.

Weinbergschnecken sind nützlich! Sie fressen sogar die Eigelege der roten Wegschnecken.

(Foto: fotolia/Michael Trappl)

Plastikflaschen dienen im Garten als Minigewächshäuser und schützen gegen alle Fressfeinde.

Hoch oben

Mein Gemüse (Karfiol, Brokkoli, Salat, Kohlrabi u.a.) ziehe ich in großen Balkonkästen, die auf zwei Holzböcke gestellt sind. Das hilft einerseits, die Schnecken abzuhalten, und entlastet andererseits meinen Rücken bei der Arbeit mit den Pflanzen.

Gudrun Miller-Aichholz

Wem diese Konstruktion zu einfach ist: Tischbeete (übrigens für Rollstuhlfahrer perfekt) sind der neueste Hit.

Laufenten mieten

Wir sind in der glückliche Lage, im Ort eine Landwirtschaftsschule zu haben, die Laufenten den Sommer über vermietet. Diese Enten sind wahre Nacktschnecken-Vernichtungsmaschinen. Wir haben immer ein geselliges Pärchen, das auch in den Nachbargärten tätig ist und bei genügend Schnecken die Salatkulturen verschont.

Wilhelm-Klaus Richter

Ich bin gescheitert – Marder und Fuchs lauern schon ab dem ersten Tag. Unsere Nachbarn brachten die fleißigen Schneckenvertilger trotz nächtlicher Ausgangssperre nur einen Monat durch.

Plastikflaschen

Junge Pflänzchen schützt man am besten gegen Schnecken und Frost, indem man eine leere Plastikflasche in der Mitte auseinanderschneidet, die Verschraubung entfernt, damit die Pflanzen Luft bekommen, und den oberen Teil der Flasche über die Setzlinge stellt.

Margit Pomberger

Doppelter Nutzen – ein toller Tipp!

Tischtuch gegen Schnecken

Stellen Sie einen Topf mit Blumen oder Gemüse auf einen Stein oder verwenden Sie dafür einen verkehrt herum aufgestellten Topf und legen Sie dazwischen ein Wachstischtuch oder eine festere Plastiktischdecke. Die Schnecken können den Überhang der Tischdecke nicht bewältigen.

Evelin Singer

Klingt nicht schlecht! Der Tisch ist für die Schnecken dann also nicht mehr gedeckt ...

Bierdosen vergraben

Ich lasse in den Bierdosen einen kleinen Rest und grabe sie im Beet ein. Die Schnecken mögen Bier, kriechen in die Dose und kommen nicht mehr heraus – ein idealer Schneckenvernichter.

Helmut Hitzinger

Für alle, die gern Bier trinken, die ideale Methode, um Schnecken zu bekämpfen!

Zaun aus Kupferdraht

Kupferdraht um den Gemüsegarten hält Nacktschnecken fern! Spannen Sie einen Kupferdraht um den Gemüsegarten, und zwar so knapp über dem Boden, dass die Schnecken nicht darunter durchkriechen können.

Karina Prisching

Geht offenbar auch ohne Batteriestrom – sollte man versuchen.

Laufenten sind wahre Schneckenvernichter, doch auch sie selbst haben Feinde und müssen geschützt werden.

(Foto: fotolia/Antje Lindert-Rottke)

TIPPS VOM BIOGÄRTNER

Spanische Schnecke mag kalte Winter

Die rote Spanische Wegschnecke ist ein Einwanderer, der durch Lebensmitteltransporte aus Südeuropa zu uns gelangt ist und sich dank der feuchten Witterung gut vermehrt. Übrigens: Konstant kalte Winter setzen den kleinen Tierchen, die schon im Herbst aus den Eiern schlüpfen, kaum zu. Sie wandern nämlich bis in die frostfreien Zonen der Erdschichten. Tödlich für die Tiere ist aber ein wechselwarmer Winter. Wärmeperioden sind für die Tiere das Startzeichen für die neue Saison; kommt dann wieder starker Frost, überleben viele Tiere nicht.

(Foto: shutterstock/Pavel Mikoska)

Er bringt nicht nur Glück, sondern ist auch ein ausgesprochener Nützling: Der Marienkäfer verspeist Blattläuse, Schildläuse und Spinnmilben.

LAUSIGEN ZEITEN
entgegnen

„Lausige Zeiten sind das", meinte einmal ein Gartenbesitzer, als er mir seinen Garten und seine über und über mit Blattläusen befallenen Rosen zeigte. „Ich muss erst spritzen!" Genau das wäre aber der falsche Weg gewesen. Wenn jemand mit der Keule die Läuse vertreibt, dann gehen dabei auch viele Nützlinge drauf. Die gilt es aber zu schützen. Maßnahme Nummer eins ist daher, die Gegner der Läuse wie Singvögel, Marienkäfer und deren Larven sowie Ohrwürmer zu schützen bzw. ihnen einen Unterschlupf zu ermöglichen. Allen voran ist der berühmte Tontopf mit Holzwolle, der bei allen befallenen Pflanzen aufgehängt werden kann, ein gutes Versteck. Und das Wichtigste: den Vögeln genug Nistmöglichkeiten zu geben. Sie sind die größten Schädlingsvernichter. Meisenpärchen vertilgen zusammen mit den Nachkommen aus zweimal Brüten bis zu 75 (!) kg Insekten.

TIPPS VOM BIOGÄRTNER

Nicht überreagieren!

1. Gelassenheit. Eine Laus muss noch keine Panik verursachen. Oft sind schon bald die ersten Gegner vor Ort.

2. Abstreifen. Überall dort, wo es möglich ist, die Läuse mit Daumen und Zeigefinger abstreifen – geht bei den Rosen besonders gut!

3. Abwaschen. Der scharfe Strahl des Gartenschlauchs ist genau richtig, wenn es darum geht, Lauskolonien abzuwaschen. An sonnigen Tagen vertrocknen die abgespülten Tierchen prompt.

4. Schmierseife. Das ist mein Allheilmittel – 1 EL auf 1 Liter Wasser und ein Spritzer Spiritus dazu. Vernichtet die Tiere garantiert.

Keine **BLATT-, SCHILD-** und **WOLLLÄUSE** mehr

(Foto: Franz Neumnayr)

Es gibt viele Rezepte, aus denen sich biologische Spritzmittel gegen Läuse herstellen lassen.

Läuse am Oleander

Mein Hausmittel gegen Läuse am Oleander: 3 Päckchen Backpulver mit 25 ml Rapsöl verrühren, einen Spritzer Spülmittel dazu und mit ca. 3 Liter Wasser vermischen. Direkt auf die befallenen Triebe sprühen.

Maria Bauer

Rapsöl ist ein ganz fantastisches biologisches Spritzmittel, das auch bei vielen anderen Schädlingen hilft und dennoch absolut umweltfreundlich ist.

Zwiebel-Knoblauch-Brühe

Nach einem alten Tipp meiner Oma sind meine Rosen jetzt lausfrei. Sobald sich Blätter an den Rosen zeigen, weiche ich Zwiebellaub und die äußere Schale der Zwiebel sowie das Laub von Knoblauch und die Schale der Zehen für zwei bis drei Tage in etwa 10 Liter Wasser ein. Pro Kübel nehme ich vier Zwiebeln und fünf Knoblauchknollen. Mit dem abgeseihten Sud gieße ich die Rosen. Das dürfte für die Blattläuse unerträglich riechen und sie kommen erst gar nicht.

Silvia Kinzl

Hoffentlich bleibt dabei der Duft der Rosen erhalten!

Teebaumöl gegen Läuse

Damit konnte ich meine Blattläuse beim Oleander bekämpfen: 17 Tropfen Teebaumöl mit einem Viertelliter Wasser und etwas Milch mischen. Direkt auf die Lauskolonien sprühen.

Johann Lauscher

Wirkt mit Sicherheit auch gegen Spinnmilben und mit ein wenig Rapsöl auch gegen Schildläuse.

Gegen Blattläuse am Oleander hilft Teebaum- und Rapsöl.

(Foto: shutterstock / Kittelvasenova-Suchelova)

Wundermittel Neem

Ich gebe Neemextrakt (gibt es im Fachhandel) mit Wasser in eine Sprühflasche und mache damit lästige Blattläuse auf biologische und ungiftige Weise unschädlich.

Alexander Schenker

Neem ist beinahe ein Wundermittel, da es gegen viele Schädlinge hilft. Nur bei Gurken aufpassen – die Blätter werden von dem Mittel verbrannt.

Duftende Seife

Ich verwende stark duftende Seifenreste, die ich über Nacht in Wasser lege. Die Flüssigkeit pur zur Bekämpfung aller Arten von Läusen an Hibiskus, Flieder, Oleander und jegliche Art von Blumen verwenden. Nach einiger Zeit werden die Pflanzen abgebraust. Ich habe jahrelang beste Erfahrung damit.

Christine Steindl

Wirkt wie die gute alte Schmierseife und vernichtet nicht nur Läuse, sondern auch Schildläuse und Weiße Fliege.

Treten Blattläuse auf, zunächst Ruhe bewahren. Die natürlichen Feinde kommen schneller, als man denkt.

Sprühen mit Schwarztee

Bei Blattläusen auf Gemüse oder auch an Blumen hilft abgestandener Schwarztee sehr gut. Einfach aufsprühen und bei Bedarf nach ein paar Tagen wiederholen.

Renate Klee

Und Dünger ist Schwarztee auch – nicht nur das Teewasser, sondern auch das überbrühte Kraut.

Wirksame Waschnüsse

Seit Menschengedenken waschen die Menschen in Indien und Nepal die Wäsche mit Waschnüssen. Das enthaltene Saponin kann auch als Pflanzenschutzmittel eingesetzt werden. Die Zubereitung: 60 g zerkleinerte Waschnussschalen oder Waschnussbruch in 1 Liter Wasser 15 Minuten lang köcheln lassen. Das Saponin wird auf diese Weise gelöst. Abseihen und abkühlen und damit die Pflanze übersprühen. Dunkel gelagert ist dieser Sud zwei Wochen lagerfähig.

Maria Scharrer

Und dass die von Waschnüssen gewaschene Wäsche besonders von Allergikern vertragen wird, ist ein weiterer Vorteil.

Läuse abkehren

Seit Jahren beseitige ich die Blattläuse auf den Rosen einfach mit einem Handbesen: Links einen Lederhandschuh anziehen, den befallenen Trieb oder die Knospe in die Hand legen und mit dem Besen nach oben abkehren. Das mach ich zweimal pro Jahr und ich hab keine Probleme mehr.

Peter Gruber

Eine andere Methode ist das Zerdrücken der Läuse. Wirkt genauso gut, aber man muss es auch wollen.

(Foto: shutterstock/Anette Linnea Rasmussen)

Läuse ertränken

Auf einigen meiner Flamingoblumen waren sehr viele Schildläuse. Diverse Bekämpfungsmittel haben nur wenig bewirkt, so unternahm ich folgenden Versuch: Die Pflanze für mehrere Stunden in die Regentonne stellen, sodass sie vollständig mit Wasser bedeckt ist. Resultat: Die Läuse sind tot, die Pflanze hat es nicht übel genommen. Sie erfreut sich bester Gesundheit, blüht und gedeiht.

Maria Straßmair

Ein interessanter Ansatz – nur bei allen Pflanzen würde ich es nicht empfehlen. Rosen reagieren bei „Hochwasser" extrem empfindlich und verlieren danach das ganze Laub.

Leimring an Töpfen

Seit ich Leimringe bei den Kübelpflanzen befestigt habe, gibt es keine Ameisen mehr, die die Blattlauskolonien fördern. Auch kleinen Schnecken und Käfern erschwert diese Barriere den Weg. Leimringe öfter wechseln, da anhaftende Tiere oder Schmutz Brücken bilden können.

Holger Keller

Bei Kübelpflanzen eine gute Idee, generell sollte man aber nicht das ganze Jahr über Leimringe (zum Beispiel bei Obstbäumen) anbringen, da auch viele Nützlinge Opfer der Falle werden.

TIPPS VOM BIOGÄRTNER

Mischkultur als Abwehr

„Gute Nachbarn – schlechte Nachbarn" – das alte Prinzip der Mischkultur.

Generell werden bei mir alle Gemüsearten, Kräuter und Wildstauden bewusst zu einer bunten Vielfalt zusammengepflanzt.

Sie schützen sich gegenseitig vor Schädlingen und Krankheiten und fördern einander im Wachstum. Probieren Sie einmal die Pflanzenkombination Salat neben Krautpflanzen und Radieschen. Das wirkt gegen Erdflöhe.

(Foto: shutterstock / kiya-nochka)

Im Rosenbeet vertreiben Lavendelpflanzen die Blattläuse.

TOP TIPP

Rosen schützen

Ich hab um die Rosen Lavendel gepflanzt. Das hilft gegen die Blattläuse.

Iris Kunrath

Nur auf den Boden aufpassen – Rosen mögen einen lehmigen Boden, Lavendel einen durchlässigen. Daher großzügig Splitt und Sand ins Pflanzloch streuen.

Rhabarber gegen Läuse

½ kg Rhabarberblätter in 3 Liter Wasser mind. 30 Minuten kochen, durch ein Tuch abseihen und 1 : 20 verdünnt (das sind etwa 2 ½ Schnapsgläser auf 3 Liter Wasser) auf die befallenen Blätter oder zur Vorsorge sprühen.

Kilian Wintereder

Die Oxalsäure hilft auch gleich gegen Pilzerkrankungen.

Bitterer Wermut

Gegen Blattläuse, Wollläuse und Schnecken hilft ein starker Wermuttee, der extrem bitter ist. Er wird auf die gefährdeten Pflanzen und die umliegende Erde gesprüht. Anwendung monatlich wiederholen.

Maria Anna Wurm

Die Pflanze hat eine abwehrende Wirkung, hemmt den Wuchs anderer Gewächse und steht gern allein. Offenbar mögen ihn die Schädlinge nicht.

Brennnesselvertreibung

Weiße Geranien (Pelargonien) sind bei mir immer sehr anfällig für Blattläuse. Seit ich Brennnesseln (mit Wurzeln!) zwischen die Geranien setze, gibt es keine Probleme mehr. Werden sie hoch, schneide ich sie ab.

Gertrude Schobesberger

Sehr ökologisch – dass Brennnesselwasser die Viecherln abwehrt, wusste ich, aber die Pflanze am Beet? Ist jedenfalls auch im Garten einen Versuch wert.

(Foto: shutterstock/imageman)

Der bittere Wermut hat eine abwehrende Wirkung gegen Läuse aller Art.

TOP TIPP

Bohnenkraut im Glashaus

Seit einigen Jahren habe ich ein paar Pflanzen des Bohnenkrauts im Glashaus stehen. Seither gibt es bei Paprika keine Blattläuse mehr. Alles ganz einfach: Bohnenkraut sät sich leicht selbst aus.

Friedrich Goldberger

Die einfachsten Tipps sind die besten – Bohnenkraut gehört in jedes Glashaus.

TIPPS VOM BIOGÄRTNER

Invasion der Läuse

Blattläuse treten immer dann auf, wenn Pflanzen „gestresst" sind. Das passiert meist durch extreme Temperaturunterschiede, die man im Garten nicht verhindern kann, denen man aber in einem Kleingewächshaus oder einem Frühbeet durch rechtzeitiges Lüften ganz leicht begegnet. Temperaturunterschiede von mehr als 5 bis 8 °C zwischen Tag und Nacht wären ideal. Ist der Unterschied größer, dann bildet die Pflanze einen „süßen" Pflanzensaft als Frostschutz und der fördert das Wachstum der Läuse – daher gilt: Lüften ist die beste Lausabwehr.

(Foto: shutterstock/Durd Yu)

Ameisen haben ihre guten und schlechten Seiten; während sie in der freien Natur als Waldpolizei bekannt sind, können sie im Garten richtig lästig werden.

Unerwünschte
AMEISEN

Es gibt Jahre, da tauchen die Ameisen in Hundertschaften auf: in den Beeten, im Rasen, auf der Terrasse oder gar im Haus und natürlich im Frühbeet und Gewächshaus. Warum das so ist, lässt sich gar nicht genau sagen. Offenbar sind diese fleißigen Tierchen sehr wetterfühlig. Ein paar trockene Frühlingswochen, und schon explodiert die Population. Dennoch sollte man kühlen Kopf bewahren: Ameisen gelten zwar als echte Lästlinge, aber weniger als große Schädlinge, wenn diese Sichtweise auch nicht immer leichtfällt.

TIPPS VOM BIOGÄRTNER

Ameisen im Zaum halten

1. Boden nie austrocknen lassen, immer gut mulchen. Ameisen meiden zu feuchte Stellen.

2. Ruhe stören. Das ärgert die Ameisen am meisten, wenn sie immer und immer wieder gestört werden. Ist es ihnen einmal zu bunt geworden, siedeln sie ab.

3. Duftbarrieren aufbauen. Die Tipps der Gartenfreunde zeigen: Alles, was stinkt, vertreibt Ameisen.

4. Absiedeln funktioniert immer. Tontöpfe über die Bauten stellen (in der Wiese, im Gemüsebeet oder auch auf den Wegen), schon nach kurzer Zeit ziehen die Ameisen ein und können mit einer Schaufel abgesiedelt werden.

VERTREIBEN
ist oberstes Gebot

Kaffee hilft immer

Zur Abwehr von Ameisen in meinem Glashaus verteile ich viel Kaffeesatz (aus dem Kaffeefilter) an der Eingangstür innen sowie an kleineren undichten Stellen ebenfalls im Glashausinnern. Die Ameisen krabbeln nicht über den Kaffeesatz und bleiben dem Glashaus fern.

Renate Ziegler

Und Dünger ist der Kaffee auch gleichzeitig noch. Besser geht's nicht.

Lavendel im Garten verströmt einen wunderbaren Duft und vertreibt zudem unerwünschte Ameisen.

Kampfer und Hefe

Kampfergeruch vertreibt Ameisen. Ein paar Tropfen auf die „Straßen" getropft, und sie verschwinden. Wirkungsvoll ist auch eine Zucker-Hefe-Mischung. Schalen mit 2 EL Hefe, 3 EL Zucker und ½ Liter Wasser aufstellen. Das Futter vernichtet die Brut.

Anna Rauch

Der Kampfer sagt mir mehr zu, denn Hefe lässt die Brut „platzen", und das ist nicht wirklich tierfreundlich.

Kräuter gegen Ameisen

Den Duft von Kräutern wie Majoran, Thymian, Lavendel, Kapuzinerkresse usw. meiden die Ameisen und werden aus dem Garten vertrieben. Ähnliche Wirkung hat auch Zimt, den man auf die Ameisenstraßen streut.

Frieda Steininger

Da kann man nur glücklich sein, keine Ameise zu sein – was täte ich ohne Kräuterduft im Garten!

Essig gegen Ameisen

Ein Essigkonzentrat, das in die Ameisenbauten gegossen wird, vernichtet, vor allem aber vertreibt die lästigen Tierchen.

Karin Ganatschnig

Es ist generell zu beobachten – alles, was extremen Duft verströmt, mögen Ameisen nicht. Da lässt sich noch anderes Stinkendes ausprobieren.

Gewürznelken als Abwehr

Ameisen hält man aus Haus und Garten durch das Auslegen von Gewürznelken fern. Diese Methode ist einfach und äußerst umweltfreundlich!

Wilhelm Richter

Das ist eine sanftere Methode – damit würde ich beginnen.

Auch Lavendel gegen Ameisen

Sind Ameisen im Gemüsebeet, reicht es, wenn man Lavendelblüten abschneidet und zwischen die Pflanzen legt.

Anna Dobernig

Ich würde den Rückschnitt beim Lavendelschneiden zerkleinern und gleich auch als Mulch verwenden.

Heißes Wasser

Einen Schwamm in Zuckerwasser tauchen, leicht ausdrücken und hinlegen. Auf diesem Schwamm sammelt sich dann das Ungeziefer und man kann es in heißem Wasser töten.

Gertrude Richter

Ist zwar im ersten Moment brutal, aber sicherlich die tier- und umweltfreundlichste Methode. Vorweg würde ich aber unbedingt die sanften Abwehrmaßnahmen versuchen.

Kirschbaum schützen

Unser Kirschbaum wurde immer von Ameisen heimgesucht, die Blattläuse auf den Baum gebracht haben, und darunter hat der Obstertrag stark gelitten. Ein natürlicher Weg, die Ameisen vom Baum fernzuhalten, ist es, rund um den Baum Natron (Backpulver) zu streuen.

Andrea Rieger

Oder gleich die Blattläuse mit einem Ohrwurmhäuschen bekämpfen – damit geht's ganz ohne Chemie.

Mit verkehrt aufgestellten Tontöpfen können Ameisen angelockt und abgesiedelt werden.

Zitrus als Abwehr

Zitronenschalen, die im Haus oder auch im Garten ausgelegt werden, wehren Ameisen ab.

Gertraud Langegger

Und noch wirkungsvoller ist es, wenn man die Schalen von Zitrusfrüchten (Orangen, Zitronen, Mandarinen) in einem Kübel Wasser vergären lässt und direkt in den Bau schüttet. Nach zwei Tagen sind alle Ameisen weg.

Ameisen im Rasen

Bei lästigen Ameisenbauten im Rasen nimmt man einen Plastikblumentopf, stülpt diesen über den Bau der Ameisen. Die Tiere siedeln sich sofort im Topf an und man kann sie problemlos übersiedeln, ohne ihnen Schaden zuzufügen.

Manuela Reisinger

Die Methode meiner Wahl! Das bessere Übersiedelungshaus ist ein Tontopf, denn da ist das Klima ausgeglichen – ideal für einen neuen „Haus"bau.

TIPPS VOM BIOGÄRTNER

Schädling oder Nützling?

Ameisen sind meist lästig, weil sie sich genau dort ansiedeln, wo man sie ganz und gar nicht gebrauchen kann. Keine Frage stellt sich bei der Bekämpfung oder Vertreibung aus dem Wohnhaus. Aber im Garten sollte man eher sanft vorgehen. Ameisen lockern den Boden in einem unvorstellbaren Ausmaß, zerkleinern biologische Abfälle und ermöglichen so, dass die Erde mit vielen Mikroorganismen und Bakterien besiedelt wird. Vor allem im Komposthaufen sollten uns die Tierchen ganz und gar nicht stören – bis die Erde verwendet wird, sind sie längst wieder weg.

Die Wühlmaus ist im Gegensatz zum Maulwurf ein echter Gartenschädling.

WÜHLMAUS-SORGEN,
Maulwurf-ärger

Sie gehören zu den lästigsten Gartenbesuchern – die Wühlmäuse. Nichts ist vor ihnen sicher: Bäume, Sträucher, Stauden und vor allem die Blumenzwiebeln. Nach einem Winter kann der Schaden oft beträchtlich sein. Reihenweise fallen junge Bäume um oder lassen sich Rosen ohne eine einzige Wurzelfaser aus der Erde ziehen. Ganz anders der Maulwurf. Er treibt zwar auch viele in den Wahnsinn, wenn innerhalb von wenigen Tagen ein einstmals englischer Rasen zum Acker wird. Dennoch überwiegt hier meist der positive Effekt. Während die Wühlmaus vegetarisch unterwegs ist, gibt sich der Maulwurf ausschließlich den „fleischlichen" Genüsse hin – er vertilgt Unmengen an Würmern, Larven und Engerlingen. Daher ist er auch unter Schutz gestellt.

TIPPS VOM BIOGÄRTNER

Was tun gegen Maus & Co?

1. Vertreiben. Lärm und Geruch lässt Wühlmaus und Maulwurf rasch verschwinden – aber nur für einige Zeit. Also immer wieder die Strategie ändern.

2. Fangen. Mit Fallen erlegt werden darf nur die Wühlmaus – daher Köderfallen verwenden (mit Karotten zum Beispiel), die lässt der Maulwurf links liegen.

3. Nützlinge fördern. Katze und Kater sind großartige Jäger, wenn man sie von Beginn an „lässt". Also nicht zu sehr mit Fertigfutter verwöhnen. Sehr gute Jäger sind aber auch alle nachtaktiven Raubvögel wie Eulen. Sitzstangen aufstellen fördert sie.

Schon GESTÖRT?

Kinderlärm stört

Der Maulwurf mag keinen Krach! Daher immer wieder viele Kinder einladen oder viel im Garten werkeln – am besten gleich mehrere Tage hintereinander. Der „kleine Schaufler" fühlt sich gestört und verschwindet!

Holger Keller

Ähnliches hatte mir eine Kindergartenpädagogin berichtet. Kaum beginnt im Hort die Gartensaison, ist der Maulwurf dahin.

Mit Geräuschen verjagen

Die Tiere reagieren empfindlich auf Geräusche. Wir stecken daher leere Glasflaschen mit der Öffnung nach oben schräg in den Maulwurfshaufen. Das Pfeifen, das der Wind in den Flaschenhälsen verursacht, vertreibt nicht nur Maulwürfe, sondern auch Wühlmäuse.

Bauen Sie ein T-förmiges Holzgestell, an dessen oberen Enden Sie eine etwa 30 cm lange Schnur mit je drei leeren Konservendosen befestigen. Stecken Sie das Gestell so in die Erde, dass der Wind die Dosen gegeneinanderschlägt – die Maulwürfe nehmen Reißaus.

Ingrid Karlinger

Als Wühlmausgeplagter kann ich das nur bestätigen – allerdings hielt bei mir die

Wirkung nur einige Monate. Man muss die Geräuschkulisse immer wechseln.

Duftbarrieren aus Dung

Sehr effektiv zum Vertreiben von Maulwürfen haben sich Duftbarrieren aus Meerschweinchenkot bewährt. Der Dung wird in die geöffneten Maulwurfshügel gestopft, festgetreten und der Hügel eingeebnet. Nach einigen Tagen ist der Maulwurf fort.

Evita Roblek

Es könnte auch mit Hamsterkot funktionieren. Hätte ich das früher gewusst, damals, als meine Tochter dieses Haustier unbedingt haben wollte!

Knoblauchzehen stecken

Blumenzwiebeln kann man gegen Wühlmäuse schützen, indem man zwischen die Pflanzen ab und zu eine Knoblauchzehe steckt. Der Knoblauch ist winterhart und vermehrt sich selbst weiter.

Holger Keller

Knoblauch ist gleichzeitig ein wirksames Mittel gegen alle Pilzkrankheiten – eine sehr einfache Methode!

Foto: shutterstock/mrađigrudb

Der Maulwurf richtet zwar keinen Schaden an, denn er frisst keine Pflanzenwurzeln, kann aber durch Maulwurfshügel trotzdem im Garten lästig werden.

Hundekot schafft Abhilfe

Maulwürfe vertreibe ich seit Jahren erfolgreich aus meinem Garten, indem ich die „Häufchen" meines Hundes ins Maulwurfsloch lege und anschließend mit Erde verschließe.

Anita Sommer

Da müsste ich am Gehsteig mit Sammeln beginnen – das würde aber eine „duftende" Aktion ...

Hilfreicher Gestank

Knoblauch, Nussbaumblätter oder Heringsköpfe in die Gänge stecken – das vertreibt garantiert Wühlmaus und Maulwurf.

Anja Burghardt

Mit Fischköpfen war ich ziemlich erfolgreich – aber nur für einige Monate. Und später wurde daraus Dünger.

Wühlmaus wird sauer

Sauer gewordene Milch in die geöffneten Gänge von Maulwurf und Wühlmaus leeren – das gefällt den Tierchen gar nicht.

Barbara Schneglberger

Alles, was stinkt, hilft!

Pflanzenjauchen stinken

Gegen Maulwürfe und Wühlmäuse gibt es nur ein sicheres Mittel: Pflanzenjauchen in die Löcher gießen und das Loch offen lassen. Sobald ein neuer Hügel auftaucht, den Vorgang wiederholen. Damit habe ich meinen Grund frei von den ungeliebten Gästen bekommen.

Fritz Schöggl

Grüne Küchenabfälle wie rohe Zwiebeln und Knoblauch gebe ich in Wasser und lasse es abgedeckt einige Tage vergären. Die so entstandene Jauche leere ich dann direkt in die Wühlmausgänge.

Christine Blümel

Es wird immer „duftiger" – aber diese Maßnahmen helfen ganz sicher. Die beste

Jauche ist aus Holunderblättern und wird wie Brennnesseljauche angesetzt.

Thujenschnitt in die Gänge

Seit Jahren hat sich bei mir Folgendes bewährt: Ich verstreue Thujenschnitt überall dort, wo Wühlmäuse auftauchen. Seither habe ich keine Probleme mehr.

Friedrich W. Eggermann

Als Naturgärtner habe ich allerdings keine Thujen im Garten!

TOP TIPP

Abneigung gegen Pfefferminze

Auf den Baumscheiben habe ich Pfefferminze angepflanzt. Diesen Geruch können die Wühlmäuse offenbar nicht ausstehen und die Bäume blieben verschont. Darauf kam ich zufällig, als ich rund um das Tulpenbeet Pfefferminze setzte. Keine einzige Zwiebel wurde gefressen, außerhalb dieses Bereichs hingegen waren alle verschwunden.

Hans Gitschner

Dabei ist der Pfefferminztee so köstlich für uns Menschen!

TIPPS VOM BIOGÄRTNER

Die Wühlmaus ist ein echter Gartenschädling – innerhalb weniger Wochen vernichtet eine Kolonie alles, was Wurzeln hat – ob Tulpenzwiebeln oder Rosenstöcke, ob Karotten oder Obstbäume. Nichts bleibt verschont. Daher bekämpfen!

Ganz anders der Maulwurf: Er ist zwar bei allen, die einen halbwegs schönen Rasen haben wollen, ziemlich unbeliebt. Seine bis zu 30 cm hohen Haufen machen das Mähen unmöglich. Seine „guten" Seiten überwiegen aber: Er frisst Unmengen an Larven und Käfern. Von den Maikäferlarven bis zu den Maulwurfsgrillen. Daher nur vertreiben, wenn wirklich nötig!

Der Kohlweißling flattert arglos von Blüte zu Blüte, doch seine Raupen können großen Schaden anrichten.

Allerlei KÄFER und FALTER

Kohlweißlinge vergrämen

Damit Kohl von Kohlweißlingen verschont bleibt, lege ich die ausgegeizten Triebe der Tomatenpflanzen in die Blattachsen der Kraut-, Kohl- und Kohlrabipflanzen.

Agnes Berger

Bei Befall von Raupen des Kohlweißlings bei Kohlsprossen, Kraut etc. bestreue ich die Pflanzen mit Pfeffer.

Gertrud Staufer

Ein „Chili"-Freund von mir schwört auf sein Schädlingsbekämpfungsmittel: Habanero (eine der schärfsten Chilisorten) wird klein geschnitten mehrere Tage in Wasser eingeweicht und dann unverdünnt über die Pflanzen gesprüht. Achtung! Die Substanz wirkt wie ein Pfefferspray!

Steinmehl gegen Kartoffelkäfer

Morgens, wenn das Kartoffelkraut noch taunass ist, stäube ich Urgesteinsmehl dünn über die Stauden. Kartoffelkäfer atmen über die Haut und ersticken auf diese Weise.

Bianca Mackinger

Diese Methode wirkt auch gegen Asseln im Haus, wo die Insekten unangenehm sein können. Im Garten sollten Asseln nicht bekämpft werden, dort zerkleinern sie organisches Material (vor allem im Kompost).

Kartoffelkäfer können mit Urgesteinsmehl daran gehindert werden, in die Blätter der Erdäpfelpflanzen große Löcher zu fressen.

Kren stört die Kirschfruchtfliege und es gibt weniger wurmige Kirschen.

TOP TIPP

Kren gegen wurmige Kirschen

Ich pflanze Kren-Fechser (Meerrettich) auf die Baumscheibe von Kirschen, das behindert die Kirschfruchtfliege!

Gerta Grander-Eppensteiner

Und als Falle nicht vergessen: Gelbtafeln in die Kirschbäume hängen, wenn sich die Kirschen von Grün auf Gelb verfärben. Die Schädlinge fliegen auf Gelb und bleiben dann an den ungiftigen Leimtafeln kleben.

TIPPS VOM BIOGÄRTNER

Kartoffelfalle bei Drahtwürmern

Drahtwürmer im Gemüsegarten bekämpft man auf eine ganz einfache Art und Weise: Man nimmt halbe Kartoffeln und gräbt sie mit der Schnittstelle nach unten alle 50 cm in die betroffenen Gemüsebeete ein.

Mit einem Holzstäbchen markiert man die Fallen, die dann jeden Tag kontrolliert werden.

Die Drahtwürmer lieben frische Erdäpfel, bohren sich in die Knolle und können eingesammelt werden. Wer die eine oder andere Falle vergisst, dem kann passieren, dass die Kartoffeln bald zu wachsen beginnen.

Erdflöhe vertreiben

Um Erdflöhe loszuwerden, sollte man Salatpflanzen zwischen die Kraut- und Kohlpflanzen setzen.

Brigitte Nimmerfroh

Zusätzlich immer gut mulchen – denn trockener Boden ist die Hauptursache für Erdflöhe.

Maikäfer fangen

Um Maikäfer im Gemüsegarten zu fangen, gräbt man Joghurtbecher bodeneben in die Erde ein. Bei ihren nächtlichen Besuchen im Gemüsegarten fallen die Maikäfer dann in die Becher und können nicht mehr herauskrabbeln.

Elisabeth Walchensteiner

Auch Maikäfer fliegen auf Gelb: Halbe Trichter aus gelbem Plastik bieten eine große „Lock"fläche. Sie werden in große Flaschen gestellt. Die Maikäfer fliegen gegen das Plastik und rutschen in die Flasche.

Frostspannerraupen loswerden

Im Herbst (ab etwa September bis Ende Oktober) bringen wir möglichst farbintensive Leimringe rund um die Obstbäume an. Dort bleiben die flugunfähigen Weibchen der kleinen Frostspanner haften und können auf dem Weg zur Eiablage abgefangen werden.

Theresa Lehr

Nicht vergessen! Auch der Baumpfahl gehört geschützt, sonst wandern die Raupen über Umwege auf den Baum.

Anis gegen Weiße Fliege

Um die lästige Weiße Fliege zu bekämpfen, streut man das Gewürz Anis auf die Erde. Diesen Geruch mögen die Fliegen nicht und verschwinden.

Traude Beren

Ähnlich gut ist die Wirkung von Giftbeeren (Nicandra physalis). Ein paar Pflanzen, zwischen die Tomaten gesetzt, vertreiben die Weiße Fliege.

Maulwurfsgrillen abwehren

Ein Tipp meiner Oma hilft die lästigen Maulwurfsgrillen abzuwehren. Bei Blumentöpfen aus Kunststoff schneide ich den Boden ab und setze die Pflänzchen jeweils in einen solchen Topfring ins Gemüsebeet. Die Maulwurfsgrillen kommen dadurch nicht an die Pflanzen heran.

Maria Hageneder

In die fingerdicken Gänge gieße ich mit Wasser verdünnte Flüssigseife.

Nach einer Minute kommen die Maulwurfsgrillen an die Erdoberfläche. Dann kann man sie vernichten.

Rudolf Gehmayer

Zur Bekämpfung von Maulwurfsgrillen leere ich Speiseöl in die Gänge. Sie kommen rasch heraus und können abgesammelt werden.

Ludwig Lhotzky

„Selbst wer auf dem Pferd sitzt, sollte absteigen und diesen Schädling vernichten, denn er frisst genauso viel an Gemüse, wie ein Mensch benötigt!" So heißt es in alten Gartenbüchern und zeigt, wie groß das Problem sein kann. Daher regelmäßig bekämpfen. Ganz praktisch sind die neuen Nematoden, die für Mensch und Haustier unschädlich sind und die Larven vernichten.

Buchsbaumzünsler bekämpfen

Ab dem ersten Befall die Raupen immer wieder absammeln und töten, teilweise tote Raupen liegen lassen, so entdecken Wespen und Vögel sie als neue Futterquelle und gehen selbstständig auf Jagd. Zum Absammeln kann man auch den Staubsauger verwenden.

Sind die Büsche das erste Mal kahl, warten, bis sich die Raupen verpuppen (für etwa zwei Wochen), dann die Buchsbäume mit Hochdruckreiniger ausspritzen und die Puppen in einem verschließbaren Kübel oder Plastiksack einige Wochen stehen lassen. Notfalls noch einmal mit Hochdruck die Pflanzen abspritzen.

Karina Schmidt

Falls der Buchsbaum (egal, wie groß er ist) schon radikal vom Buchsbaumzünsler heimgesucht worden ist, nicht verzweifeln, sondern den (vermeintlich) sterbenden Buchsbaum gut wässern und kräftig zurückschneiden. Meist treibt die Pflanze nach drei bis vier Wochen schöner aus als je zuvor.

Franz Oswald

Danach immer gut aufpassen, ob der lästige Schädling wieder zuschlägt – der (Kübel-)Täter kommt nämlich garantiert an den Tatort zurück.

„Selbst wer auf dem Pferd sitzt, sollte absteigen und die Maulwurfsgrille bekämpfen!"

(Foto: shutterstock/JULIASTUDIO)

TIPPS VOM BIOGÄRTNER

Buchspilz – die nächste Gefahr

In vielen Teilen Europas hat er bereits zugeschlagen, der Buchspilz. Er kommt meist bei lange anhaltender Feuchtigkeit. Die Blätter färben sich punktuell braun und fallen ab. Der Buchs treibt zwar wieder durch, wird aber erneut befallen und stirbt schließlich ganz ab. Biologisch gibt es als Gegenmaßnahme nur höchste Sauberkeit beim Schnitt. Daher das Werkzeug zwischen den einzelnen Pflanzen mit Alkohol reinigen. Gehölze mit Urgesteinsmehl bestäuben und immer wieder mit Schachtelhalmextrakt einsprühen. Das Wichtigste aber: keinen Rindenmulch, keine feuchte Luft. Nur dort, wo die Pflanzen schnell abtrocknen, gibt es keine Gefahr.

Schon GEHÖRT?

Gardinen gegen Vögel

Ausgediente Gardinen sind ein idealer Schutz gegen Vogelfraß. Ich decke damit das Saatbeet ab – die Vögel getrauen sich nicht mehr zu kommen.

Heinz Lackner

Ein Gartenvlies ist im Frühjahr ebenfalls eine gute Vogelabwehr und gleichzeitig auch noch ein Wärmeschutz.

Gemüsepflanzen schützen

Um Vögel (Spatzen) von den frisch gepflanzten Gemüsepflanzen und Kräutern fernzuhalten, hänge ich gebrauchte CDs und DVDs in der Nähe von Beeten auf. Es wirkt Wunder und ist umweltfreundlich.

Gerhard König

Mein gutes altes Katzenblechgesicht sieht zwar dekorativ aus, aber ich setze nun auch auf die digitale Welt.

Wasser auslassen

Wir lassen alle drei Wochen das Wasser aus der Regentonne ab und das Gefäß komplett austrocknen, erst dann wird es wieder befüllt. So stirbt die Gelsenbrut und Mücken ab.

Walter Mitterhuber

Oder Feinde ins Wasser holen: Bacillus thuringiensis israelensis ist für Mensch und Tier (ausgenommen Mücken) ungefährlich. Ein paar Tropfen genügen.

Öl als Regentonnendeckel

In eine Regentonne ohne Deckel gelangen meist lästige Mückenlarven. Abhilfe schafft ein Trick: einfach eine kleine Tasse Pflanzenöl in das Wasser gießen. Damit ersticken die Mückenlarven, dem Gießwasser und den Pflanzen schadet es aber nicht.

Iris Erlacher

Eine gute Idee – vor allem überall dort angewendet, wo man Wasser herauspumpt und nicht abschöpft. So bleibt das Öl an der Oberfläche.

TOP TIPP

Stechmücken verblasen

Wenn die Stechmücken oder Gelsen am Abend einfallen, schalten wir einen Ventilator ein, der in einer Ecke der Terrasse steht. Die lästigen Blutsauger mögen keinen Luftzug.

Josefine Cermak

Ähnliches gilt übrigens auch für die Weiße Fliege – ein permanenter Luftzug im Gewächshaus vertreibt den Schädling.

Hausmittel gegen Mücken

Zimt, Kampfer, Lavendel, Anis und Katzenminze verströmen Düfte, die auf Stechmücken abschreckend wirken. Oder Salbeiblätter zerreiben und in einer Schale anzünden. Die Blätter glimmen dann vor sich hin und vertreiben die kleinen Tiere mit einem würzigen Duft.

Auch im Haus oder in der Wohnung kann man sich schützen, indem man zum Beispiel eine Tomatenpflanze auf das Fensterbrett stellt.

Holger Keller

Besonders gut ist die abschreckende Wirkung bei Duftpelargonien mit Zitronenduft.

In der Regentonne entwickeln sich lästige Mückenlarven. Entweder das Wasser regelmäßig auslassen oder Öl darübergießen.

Foto: shutterstock/defotoberg]

Wespen sind Mostschädel

Die beste Wespenfalle ist eine Plastikflasche, halb mit Most gefüllt und dort aufgehängt, wo Wespen nicht erwünscht sind. Zum Beispiel auch in den Obstbäumen.
Monika Fuchs

Wasser, Honig und ein wenig Essig: Diese Mischung lockt Wespen ebenfalls an – im alten Glaswespenfänger ist sie ein perfektes Lockmittel.

Mit Kaffee räuchern

Wir vertreiben Wespen und andere Insekten immer mit Kaffeepulver, das wir auf einen Teller streuen und anzünden. Die Insekten mögen offenbar den Geruch nicht.
Jennifer Kraus

Auch Duftkerzen helfen – allerdings nur eingeschränkt, und die Umgebung muss den intensiven Duft nach Zitrus & Co. mögen.

Stäbchen gegen Katzen

Weil die Katzen immer und immer wieder in den frisch gesäten Gemü-

sebeeten ihren Kot vergruben, kam ich auf eine Idee: 30 cm lange, dünne Holzstäbchen (vom Gehölzschnitt oder dünne Bambusstäbchen) stecke ich ganz dicht nebeneinander in das frisch besäte Beet. Die Katzen meiden die Fläche. Ist das Gemüse groß genug, entferne ich die schlecht begehbaren „Katzenstäbchen".
Sophie Gergelyfi

Die einfachsten Ideen sind die besten – wenn ich die nächsten Bäume schneide, werden gleich Katzenstäbchen geschnitten …

Gut getäuscht?

Wir legen ein Stück eines alten Fahrradschlauchs auf den Rasen. Die Katzen halten es für eine Schlange und machen einen weiten Bogen um den Garten.
Maria Spindelberger

Beim nächsten Platten probiere ich diesen Tipp aus – ob alle Katzen gleich reagieren? Ob sie den Schlauch tatsächlich für eine Schlange halten? Woher sollten Hauskatzen Schlangen kennen?

Antikatzengitter

Damit Katzen nicht ihre Exkremente beim Gemüse, im Kräutergarten oder in der Sandkiste hinterlassen, bespanne ich Holzrahmen mit einem Hühnergitter. Ich lege die Gitter

dorthin, wo es Probleme gibt, oder baue wie bei einem Mistbeet ein Scharnier zum Hochklappen ein. Die Kätzchen können nichts mehr anstellen.
Adriana Barentsen

Ein Insektenschutznetz hilft im Gemüsegarten auch – gleich zweifach: gegen Katzen und lästige Insekten.

Christbaum wird verwertet

Um in meinem Gemüsegarten die Saaten bzw. empfindlichen Jungpflänzchen vor einer Nachbarskatze zu schützen, lege ich über die gefährdeten Beetflächen dürre, dicht gewachsene Nadelbaumzweige (z. B. vom letzten Christbaum). Seither meiden die Katzen diese Flächen.
Ingrid Litschauer

Bei uns werden die abgeschnittenen Äste der stark bedornten Ramblerrosen bogenförmig über die Beete gesteckt. Das funktioniert auch sehr gut.

Ärgerliche
KRANKHEITEN

Viel Regen, hohe Luftfeuchtigkeit und dazu sommerliche Hitze – das sind die Zutaten für viele Krankheiten. Die Folge sind verkrüppelte Blätter, kaum Blüten und im Nutz- und Obstgarten wenig Ertrag. Warum tauchen plötzlich diese Krankheiten auf? Immer dann, wenn eine Pflanze Schwäche zeigt, wenn sie durch Witterung oder mangelnde Pflege nicht stark genug ist, dann schlagen die Pilze zu. Deshalb ist im Biogarten Vorbeugen der wesentlichste Pflanzenschutz, vom Humusnachschub in Form von Kompost bis zum Stärken der Pflanzen durch Jauchen und Tees.

Alles gegen PILZBEFALL

Grau überzogene Blätter, Rosen, die schon im Juli ohne Laub dastehen, und Erdbeeren, bei denen die Früchte mit einem ekeligen Pelz überzogen sind – das alles sind Pilzerkrankungen. Immer öfter machen uns diese Krankheiten im Garten Probleme, denn durch geänderte klimatische Be- dingungen, intensivere Bepflanzung, aber auch durch ungeeignete Sorten breiten sich Krankheiten aus.

Früher gab es keine Probleme mit Tomaten! Auch Kraut- und Braunfäu- le waren früher kein Thema, doch die Erreger mutierten und sind nun so aggressiv, dass es viele Pflanzen schon vor der Ernte hinwegrafft. Au- ßer man schützt sie! Und genau das ist der Grundsatz auch bei den Krankheiten – vorbeugen ist besser als heilen.

Der beste Pflanzenschutz gegen Krankheiten ist Vorbeugen. Kräftige Pflanzen sind widerstandsfähig.

[Foto: shutterstock/Sunny studio-Igor Yaruta]

TIPPS VOM BIOGÄRTNER

Nicht zu viel und nicht zu wenig!

1. Standort beachten. Viele Pflanzen werden krank, weil sie am falschen Standort stehen. Tomaten nicht in den Regen. Phlox nicht dort, wo es zu trocken ist.

2. Richtig düngen. Ein Zuviel an Dünger löst genauso Mehltau aus (bei den Rosen meist im Juni) wie zu wenig Nährstoffe: zu sehen an Surfinien gegen Ende der Saison.

3. Richtig gießen. Nasse Blätter über Nacht, eine falsch eingestellte Be- wässerungsanlage oder zu hohe Luftfeuchtigkeit im Glashaus – lauter Verursacher von Pilzkrank- heiten. Daher immer am Morgen gießen und das Glashaus lüften.

MEHLTAU, ROST und SCHIMMEL

Schachtelhalm gegen Pilzsporen

So machen wir unsere Schachtelhalmbrühe: 100 g getrocknetes Zinnkraut auf 10 Liter Wasser 24 Stunden einweichen. Dann mindestens 30 Minuten kochen, dadurch löst sich die Kieselsäure. Auskühlen lassen und die Pflanzen damit vorbeugend besprühen.

Karl Heinz Weinhäupl

Ich empfehle ein Verdünnen auf 1 : 5 bzw. 1 : 10, pur könnte zu stark sein. Nach jedem Regen sollten aber damit die Blätter der Rosen erneut gestärkt werden.

Knoblauch hilft gegen alle Pflanzenpilze. Zehen dazu einfach in die Erde stecken oder ein Spritzmittel bereiten.

(Foto: shutterstock/bjonesphotography)

TOP TIPP

Mehltau bekämpfen

Hat sich der echte Mehltau schon ausgebreitet, hilft ein altes Hausrezept. Molke oder Rohmilch wird im Verhältnis 1 : 9 mit Wasser verdünnt. Damit werden die befallenen Pflanzen ein- bis zweimal wöchentlich besprüht. Am besten in den frühen Morgenstunden.

Herta Winkler

Wichtig bei allen Pilzbekämpfungsmitteln ist die regelmäßige Anwendung. Nur dann ist das Blatt geschützt.

Wie ein Vampir

Mehltau mag keinen Knoblauch: 70 g Knoblauch klein gehackt mit 1 Liter heißem Wasser überbrühen, abkühlen lassen und die Rosen mehrmals besprühen.

Ingrid Arocker

Knoblauch hat eine starke Wirkung gegen alle pilzlichen Erreger, unter anderem auch gegen Grauschimmel.

Knoblauchzehen stecken

Wenn Rosenbäumchen Mehltau haben, einfach Knoblauchzehen in die Erde stecken. Wirkt besonders gut bei Rosen im Topf.

Marianne Edmayr

Wirkt auch sehr gut gegen Springschwänze im Blumentopf. Den ausgetriebenen Knoblauch abschneiden, damit er nicht zu groß wird. Die Wurzeln geben die „heilenden" Substanzen ab.

Egal ob Obst, Gemüse oder Zierpflanzen – Krankheiten gibt es überall und sie können bei rechtzeitigem Erkennen gut bekämpft werden.

(Foto: Franz Neumayr)

Mehltau am Apfelbaum

Ein alter Obstgärtner hat mir einmal den Tipp gegeben: Mehltau am Apfelbaum schon im Spätwinter zu bekämpfen, indem man all jene Triebe bis ins gesunde Holz zurückschneidet, die mit dem typischen grauen Mehltaupilz überzogen sind. Besonders die Sorte 'Jonathan', sagte er, sei immer betroffen. Seit ich das mache, habe ich weniger Probleme.

Eugen Mitschler

Eine ganz wichtige Maßnahme, die nicht nur beim Apfelbaum, sondern generell gilt: Altes, befallenes Laub, aber auch Fruchtmumien oder kranke Triebe bei Marille, Kirsche und auch bei den Rosen unbedingt entfernen.

Der Birnengitterrost schwächt den Baum erst dann, wenn er großflächig auftritt. Entfernen Sie alle Zierwacholder aus dem Garten!

TOP TIPP

Birne geheilt

Auf all unseren Birnbäumen war über Jahre hinweg immer ein Belag aus roten Pusteln auf den Blättern. Experten sagten uns, es handle sich um den Birnengitterrost, der ab Herbst am Zwischenwirt Wacholder lebt. Wir haben daher den „Winterwirt" aus der ganzen Siedlung verbannt. Seither sind die Birnbäume fast gesund. Anstelle des Wacholders setzen wir Eiben.

Wolf Schernthaner

Das wird nicht überall gelingen, denn der Wacholder kann bis zu 300 Meter entfernt stehen. Doch ist der Birnengitterrost für den Baum eher ein optisches als ein lebensbedrohliches Problem. Wird der Birnbaum gut mit Kompost und organischem Dünger versorgt, passiert nichts – trotz der roten Pusteln, wenn der Befall nicht zu groß ist.

Gesunde Stachelbeeren

Den lästigen Mehltau an Stachelbeeren habe ich auf zweierlei Arten bekämpft: Einerseits schneide ich die Sträucher kräftig aus und entferne alle kranken Teile. Sie kommen in die Mülltonne, nicht auf den Kompost. Außerdem habe ich bei der Neupflanzung die Sorten 'Hinnomäki' gewählt. Der Tipp eines Händlers war Goldes wert – seither gibt es keine Krankheiten mehr.

Margarethe Zitzler

Bei fast allen Beerensträuchern gibt es seit einigen Jahren besonders robuste Neuzüchtungen. Daher nicht die erstbeste Sorte kaufen, sondern sich auf den Rat der Baumschulisten verlassen.

Kirschen schneiden

Jedes Jahr sind bei uns viele Triebe der Kirschen vertrocknet und auch Früchte verfault. Uns wurde gesagt, das sei Monilia. Seit wir alles penibel genau abschneiden und im Winter den Baum „putzen", indem wir die kranken Triebe entfernen, haben wir keine Probleme mehr. Wir schwören auf die Spritzung mit Schachtelhalm und einem Algenextrakt, das wir im Handel kaufen.

Felix Mildner

Monilia gibt es als Frucht- und Triebmonilia. Bei beiden gilt: große Sauberkeit. Also alles Befallene tief ins gesunde Holz abschneiden und Fruchtmumien immer entfernen.

Schorf bekämpfen

Mein Großvater verwendete immer folgende Brühe, um Schorf bei den Bäumen zu bekämpfen: Schachtelhalmtee und Wasserglas. Damit sprühte er im Winter an frostfreien, sonnigen Tagen die Bäume tropfnass ein. Er hatte kaum Sorgen mit Krankheiten und Schädlingen.

Irina Lettner

Schachtelhalm wirkt generell gegen Pilze. Das Wasserglas ist ein Silikat, das basisch wirkt, auf den Trieben festtrocknet und auch nicht abgewaschen werden kann. Dadurch wird den Pilzen die Vermehrungsgrundlage entzogen.

[Foto: shutterstock/neko92vl]

Im Spätherbst sollten alle übrigen Früchte vom Baum genommen werden, denn an den sogenannten „Fruchtmumien" entstehen hartnäckige Pilzkrankheiten wie Monilia.

Basilikum verfault

Nach dem Aussäen ist bei mir Basilikum immer verfault, bis ich die Erde dick mit Quarzsand bestreut habe. Seither wächst es wunderbar!

Edith Murth

Die sogenannte Umfallerkrankheit ist bei vielen Aussaaten ein Problem – daher ist es wichtig, dass die Erde immer gut abtrocknet. Beim Basilikum heißt es aber zusätzlich darauf aufpassen, dass die Samen auf dem Quarzsand liegen, weil Basilikumsamen Lichtkeimer sind. Gießen mit Schachtelhalmtee hat sich ebenfalls bewährt.

Pausen machen

Viele Gemüsegärten sind heutzutage viel zu klein, sodass die Fruchtfolge nicht eingehalten werden kann. Kohl (alle Arten und Sorten) sollte man erst nach vier Jahren wieder an denselben Platz setzen, Zwiebeln sogar erst nach fünf Jahren; bei Karotten – so sagte immer meine Mutter – muss man drei Jahre warten, genauso bei den Radieschen. Dann gibt es weniger Krankheiten und Schädlinge.

Alwin Sandler

Das Problem der zu engen Fruchtfolge ist das größte im Gemüsegarten. In sehr kleinen Gärten haben sich deshalb Hochbeete bewährt, die alljährlich im oberen Drittel ausgeräumt und neu befüllt werden.

TOP TIPP

Kraut- und Braunfäule an Tomaten

Mein bestes Biospritzmittel gegen Krankheiten bei den Paradeisern ist folgendes: 5 Liter Wasser, ½ Liter Vollmilch, 2 EL Rapsöl – gut mischen und die Tomatenpflanzen damit übersprühen. Alle 10 Tage anwenden.

Anna Adam

Ebenfalls sehr wirkungsvoll ist der schon erwähnte Schachtelhalmtee. Aber immer darauf achten, dass die Blätter über Nacht bereits abgetrocknet sind.

Genaues Beobachten, eine standortgerechte Verwendung und das Stärken
der Pflanzen sind die besten Maßnahmen gegen ärgerliche Krankheiten.

PILZE
zwischen Rasen und Rosen

Effektive Mikroorganismen

Egal wo Probleme mit Pilzerkrankungen auftauchen, verwende ich die sogenannten „EM" – die effektiven Mikroorganismen. Entweder wird gegossen oder ich sprühe sie über die Pflanzen. Unmittelbar danach sehe ich auch schon einen Erfolg. Besser funktioniert es natürlich vorbeugend.

Erna Frank

EM sind seit einigen Jahren in vielen Bereichen der Garten- und Teichpflege, aber auch im Haushalt als Putzmittel in Verwendung. Die in dem Mittel enthaltenen Pilze entziehen den Schadpilzen die Substanz bzw. stärken die Pflanzen so, dass keine Erreger eindringen können. Bei mir im Gewächshaus habe ich damit erfolgreich den Grauschimmel bekämpft.

Tulpen „verbrennen"

Als ich zum ersten Mal vom Tulpenfeuer gelesen habe, fand ich eine Erklärung für meine Tulpenprobleme. Schöne Zwiebeln, die im Herbst frisch gesetzt wurden, bekamen nur zer-

knitterte Blätter und keine Blüten. Seit ich die Beete wechsle und erst nach vier Jahren wieder Tulpen am selben Platz setze, tritt die Erkrankung nicht mehr auf.

Ursula Peknik

Dieser Pilz zählt zu den Grauschimmelarten und kann nur durch Vorbeugung bekämpft werden. Ganz wichtig: luftiger Standort, denn Grauschimmel taucht immer dann auf, wenn die Luft stickig ist. Urgesteinsmehl streuen – das wirkt generell pilzbekämpfend.

Welkt die Clematis über Nacht, wurde sie mit großer Wahrscheinlichkeit von einem Pilz befallen. Den betroffenen Trieb sofort entfernen!

(Foto: shutterstock/Iiseykina)

Kampf dem Buchssterben

Große Teile meines Bauerngartens waren mit ganz kleinen, niedrigen Buchshecken bepflanzt, die alle durch den Buchspilz kaputtgegangen sind. Meine großen Buchskugeln im Garten überleben aber – ich schneide sie nur bei trockenem Wetter, reinige die Schere mit hochprozentigem Schnaps (Vorlauf) und stäube danach Steinmehl. Nach einigen Tagen spritze ich mit Schachtelhalmtee. Die Buchspflanzen sind dadurch offenbar robuster geworden.

Gerti Werdnig

Besonders der Bauerngartenbuchs (Buxus sempervirens 'Suffruticosa') ist von diesem Pilz, der seit 2004 auftritt, betroffen. Die großblättrigen Sorten sind offenbar robuster. Man sollte darauf achten, dass die Blätter durch automatische Beregnungsanlagen nicht ständig nass werden. Der Pilz kann nur dann wachsen, wenn das Laub mindestens fünf Stunden feucht bleibt und die Temperatur um die 20 °C beträgt. Generell ist es aber so: Ist der Pilz einmal da, bringt man ihn auch nicht wieder weg. Ersatzpflanze für den Buchs: die Eibe. Im Gemüsegarten pflanze ich Gamander (Teucrium chamaedrys), der gut geschnitten werden kann.

Pfingstrosen dürfen nicht zu eng gepflanzt werden, damit die Stauden nach einem Regen gut abtrocknen können.

(Foto: shutterstock/Sea Wave)

Pfingstrosen blühen nicht

Sehr oft passiert es, dass einige meiner Pfingstrosenknospen nicht aufgehen. Seit ich die Stöcke an eine ganz luftige Stelle gepflanzt habe, gibt es das Problem nicht mehr. Außerdem spritze ich mit Schachtelhalmtee.

Fanny Mehringer

Die Ursache ist Grauschimmel. An nicht ganz günstigen Standorten und einer zu feuchten Witterung verkleben durch den Pilz die äußeren Hüllen, und die Knospen können sich nicht öffnen. Wichtig: Alle befallenen Teile abschneiden und vernichten (in den Müll, nicht auf den Kompost).

Rote Spitzen beim Rasen

Immer wieder gab es bei uns Probleme mit dem Rasen, bis wir einen Tipp befolgten, der zunächst eher ungewöhnlich klang. Gesiebten Kompost im Herbst 1 cm stark auftragen. Das haben wir im Oktober gemacht, der Rasen „spitzte" noch ein wenig durch, begann aber nach dem Winter kräftig zu wachsen und die ewigen Probleme mit Pilzerkrankungen wie Rotspitzigkeit gehörten der Vergangenheit an. Zudem brauchen wir keinen Dünger mehr kaufen.

Toni Frippes

Kompost ist sicherlich der beste Dünger, den es gibt. Er sollte gut abgelagert sein und enthält dann alle Nährstoffe, die Rasenpflänzchen benötigen. Bei schweren Böden Sand untermischen.

Kohle gegen Fäulnis

Wann immer im Garten ein Ast abfault, schneide ich ihn sofort kräftig zurück und bestäube die frische und noch feuchte Schnittstelle mit dem Staub, der im Sack der Grillkohle zurückbleibt. Damit habe ich gute Erfolge.

Alois Handlinger

Kohlestaub ist ein bewährtes Pilzbekämpfungsmittel. Daher wird auch zerkleinerte Grillkohle gern in Orchideensubstrate oder auch in die Erde von Zitrusbäumchen gemischt.

Algen im Rasen

Es sieht fast gruselig aus, wenn sich die Algen im Rasen breitmachen. Manche behaupteten auch, es seien Schleimpilze. Überall dort, wo unser Rasen im Schatten lag, tauchten plötzlich diese Gewächse auf, die rasch die ganze Fläche bedeckten. Wir haben den Rasen nach dem Ab-

trocknen vertikutiert, dick gesandet und Algenkalk und später Dünger gestreut. Wo es ganz schattig ist, pflanzten wir Efeu als Bodendecker und mulchten eine dicke Schicht.

Iris Fernischer

Algen und Schleimpilze treten immer dann auf, wenn der Boden extrem verdichtet und noch dazu sauer ist. Kalk und Sand sind perfekt. Im tiefen Schatten aber wird generell kein Rasen wachsen.

Schneeschimmel

Alljährlich hatten wir im Frühjahr auf unserem Rasen große weiße Flecken. Die Nachbarn meinten, es sei der sogenannte „Schneeschimmel". Wir haben dann begonnen, alljährlich nach dem Vertikutieren Sand aufzustreuen. So viel, dass man den Rasen fast nicht mehr sehen konnte. Danach wurde gedüngt und das Gras begann kräftig zu wachsen. Seither sind Moos und Schimmel verschwunden.

Ernst Kaltenegger

Pilzerkrankungen sind meist Mangelerscheinungen. Besonders die kaliumbetonte Herbstdüngung hilft gegen den Schneeschimmel.

Weißer Pilz unter Mulch

In den letzten Jahren haben wir unter dem Rindenmulch immer weiße Pilzfäden entdeckt. Seit wir Unkrautvlies auflegen und darüber die Rinde, passiert das nicht mehr.

Renate Friesecker

Das Unkrautvlies sorgt dafür, dass die Rinde schneller abtrocknet und daher nicht so schnell verrottet. Die Pilzfäden sind nur die erste Phase der Vererdung.

Treten Pilzkrankheiten auf, sollten die betroffenen Pflanzenteile zur Gänze abgeschnitten und entsorgt werden. Schnelles Einschreiten kann vieles noch retten!

Foto: shutterstock/Coldkej

Die besten
Gartentipps
zum Nachlesen,
Einkaufen
und Surfen

Der Biogärtner

www.biogaertner.at

Seit vielen Jahren im Netz und gut besucht – pro Jahr kommen nun schon an die 100.000 Besucher! Einen Rundgang durch den Garten finden Sie hier ebenso wie aktuelle Tipps und einen Frage-Briefkasten – für den ich aber um ein wenig Geduld bei der Antwort bitte, denn manchmal sind es einige Hundert Fragen pro Monat!

Garten im Fernsehen

ORF-Gartensendung „Natur im Garten" – in der Gartensaison am Sonntag, meist 16.10 Uhr, ORF 2. Wiederholung zu unterschiedlichen Zeiten in 3sat.

www.naturimgarten.at

Gehölze, Stauden und Liebhaberpflanzen

- Staudengärtnerei und Baumschule Praskac
  www.praskac.at
  Eine der bestsortierten Gärtnereien Österreichs: Ob Bäume, Sträucher oder Stauden – hier findet man alles.

- Staudengärtnerei Dieter Gaissmayer
  www.gaissmayer.de
  Hier wird der Staudeneinkauf zum Erlebnis. Nehmen Sie sich Zeit, wenn Sie dorthin fahren. Besonders empfehlenswert ist die Veranstaltung „Illertisser Gartenlust".

- Staudengärtnerei Feldweber
  www.feldweber.com
  Der Rundgang wird zu einem botanischen Spaziergang. Am besten mit „Sarastro" verbinden (ganz in der Nähe).

- Stauden Sarastro
  www.sarastro-stauden.com
  Wer einmal erlebt hat, mit welcher Freude Christian Kreß dem Gärtnern frönt, der wird immer wieder hierherkommen. Unbedingt mit einem Besuch bei „Feldweber" verbinden (ganz in der Nähe).

- Rosenhof Schultheis
  www.rosenhof-schultheis.de
  Hier erhält man alles, was das Rosenherz begehrt! Dazu ein Firmenchef, der an Liebenswürdigkeit kaum zu übertreffen ist.

- Raritätengärtnerei Treml
  www.pflanzentreml.de
  Ob Salbei oder Rosmarin, afrikanische Kräuter oder Jasmin – ein riesiges Sortiment!

- Staudengärtnerei Alpine Raritäten Jürgen Peters
  www.alpine-peters.de
  Ob ein Leberblümchen für einige Tausend Euro (!) oder Veilchen ... auch hier gilt: Vorbeischauen ist ein Muss!

- Für Zitrus-Liebhaber
  www.ceron.at/zitrus.php
  Michael Ceron betreibt in Faak am See in Kärnten die einzige Bio-Zitrusgärtnerei Europas und hat eine gewaltige Auswahl.

- Duftpelargonien Stegmeier
  www.pelargonien-stegmeier.de
  Wenn schon, denn schon – Duftpelargonien üben eine ungeheure Faszination aus. Kaum vorstellbar für einen Sammler, dass diese Gärtnerei gleich einige Tausend davon kultiviert.

- Für Liebhaber britischer Pflanzenkultur
  www.ashwood-nurseries.co.uk
  Die großartigste Gärtnerei, die es gibt – Treffpunkt der Pflanzenliebhaber.

- Für Blumenwiesenfreunde
www.wildblumensaatgut.at
Die sicherlich beste Adresse, um
das passende Saatgut für eine
Blumenwiese (ob sonniger,
schattiger, feuchter oder
trockener Standort) zu
bekommen.

Die besten Gartentipps zum Pflanzenschutz

- **www.biohelp.at**
Nicht nur eine ideale Seite zum
Erkennen der Schädlinge,
sondern auch gleich die
Möglichkeit, Nützlinge zu
bestellen.

- **www.neudorff.de**
Einer der ersten Pflanzen-
schutzmittelhersteller,
der schon vor Jahren auf „bio"
setzte. Neben sanften Spritz-
mitteln auch Nützlingsversand
– allerdings nur über den Fachhandel.

- **www.oscorna.de**
Biologische Düngemittel gehören in dieser Firma seit mehr.
als 70 Jahren zum Haupt-
geschäft – „animalin" ist noch
immer der problemloseste
Naturdünger, den es gibt.

- **www.florissa.at**
Ein Newcomer unter den
Dünge- und Pflanzenschutz-
herstellern – viele und biologische Dünger und Erden.

- **www.scotts.at**
Nicht alles auf dieser Seite ist
„bio", aber immer mehr setzen
Scotts und Celaflor auf naturge-
mäßes Garteln. Viele Bilder von
Schädlingen.

- **www.windhager.at**
Viele praktische Utensilien vom
Bindedraht bis hin zum
Insektenschutz. In Österreich
der Generalimporteur für alle
Neudorff-Produkte.

Zeitschriften

- Gartenhaus
www.garten-haus.at
Die bekannteste österreichi-
sche Gartenillustrierte.

- Gartenpraxis
www.gartenpraxis.de
Die beste deutschsprachige
Gartenzeitung.

- Biogartenzeitschrift
„kraut & rüben"
www.krautundrueben.de
Die bekannteste Biogarten-
Zeitschrift.

- Gartenzeitschrift
„Mein schöner Garten"
www.mein-schoener-garten.de
Die größte Gartenzeitung.

- Gartenzeitschrift „Garten Flora"
www.gartenflora.de
Eine der traditionellsten
Gartenzeitschriften Deutsch-
lands mit vielen Praxistipps und
Ideen. Nicht nur biologisch
unterwegs, aber von Fachleuten
gemacht.

- Grüner Anzeiger
www.grueneranzeiger.de
Eine Zeitung für echte Freaks:
Kleinanzeigen von und
für Pflanzenliebhaber.

- Natürlich Gärtnern
www.natuerlich-gaertnern.de
Viele Hintergrundberichte zum
Thema „Biologisches
Gärtnern".

Willkommen im größten Surf-Garten

Die umfangreichste und beste
Linksammlung zum Thema Garten:
Hier sind unzählige Hinweise zu
Literatur und Pflanzen zu finden.
www.gartenlinksammlung.de

Stichwortregister

[Foto: shutterstock/ Sarycheva Olesia]

Impressum

avBUCH im Cadmos Verlag
Copyright © 2013 by Cadmos Verlag, Schwarzenbek
3. Auflage 2014
Gestaltung und Satz: Ravenstein+Partner, Verden
Redaktion: Veronika Schubert & Elke Papouschek, Wien,
www.verlagsbuero-garten.at

Coverfoto: Franz Neumayr/shutterstock
Fotos im Innenteil: fotolia, Franz Neumayr, shutterstock

Druck: AV+Astoria Druckzentrum, Wien

Deutsche Nationalbibliothek – CIP-Einheitsaufnahme
Die Deutsche Nationalbibliothek verzeichnet diese
Publikation in der Deutschen Nationalbibliografie;
detaillierte bibliografische Daten sind im Internet
über http://dnb.ddb.de abrufbar.

Printed in Austria

ISBN: 978-3-8404-7519-1